烟雨岁月知

龙晓勤 著

🌐 中国出版集团 📖 现代出版社

图书在版编目（ＣＩＰ）数据

烟雨岁月知 / 龙晓勤著. -- 北京 : 现代出版社，
2023.1
ISBN 978-7-5231-0189-6

Ⅰ．①烟… Ⅱ．①龙… Ⅲ．①乡村教育－中国－文集
Ⅳ．①G725-53

中国国家版本馆CIP数据核字(2023)第016249号

烟雨岁月知

著　　者	龙晓勤	
责任编辑	王志标	
出版发行	现代出版社	
地　　址	北京市安定门外安华里 504 号	
邮政编码	100011	
电　　话	010-64267325 64245264（传真）	
网　　址	www.1980xd.com	
印　　刷	福建世纪科美数码印务有限公司	
开　　本	880mm×1230mm 1/32	
印　　张	7.75	
版　　次	2023 年 1 月第 1 版　 2023 年 1 月第 1 次印刷	
书　　号	ISBN 978-7-5231-0189-6	
定　　价	48.00元	

目录

第一篇

湘西的故事

故事发生在大夏天的一个夜里，讲的是两个头顶缠着黑色头帕的苗家小伙子结伴去隔壁村相亲。

相亲最悲剧的结果莫过于连姑娘的面都没见着，这种无功而返的相亲结果在当地有一种非常流行的说法叫"扛木头"。

"扛木头"可以理解为千里迢迢去别人村相亲，结果连姑娘的面都没见着。碍于面子，只得在回程时顺路把路边晒干的木头扛回家，这就叫"扛木头"。当相亲被别人说成是去"扛木头"时，这种说法带有很强的讽刺挖苦意味。

那天晚上，那两个小伙子运气还算不错，并没有"扛木头"，他们约到了隔壁村的两个女孩。四人还在野外举行了一场小型的篝火联谊活动。

几个年轻人相邀于野外，烧堆篝火，围火而坐，唱苗歌，谈情说爱，这是当地人相亲的风俗。

饿了可烧田地里的玉米，渴了可摘地里的黄瓜，那并不算偷，可以理解为了成就美好姻缘而被默认允许的福利。

那晚那场设法取乐的联谊活动在阵阵欢声笑语中持续了数个小时之久，一直到大半夜才落下帷幕。

俩姑娘见天色太晚，怕行程有所不便，于是特意挽留两个小伙子到家住一宿。但两个小伙子婉言谢绝了。

约会不留宿是一条不成文的相亲法则。留宿女方家会给别人一种不敢走夜路，缺乏阳刚之气的懦弱印象，所以即使约会再晚，男生通常都是不留宿的。

两个小伙子把女生们安全送回家后，就打着手电筒回程了，那时已经是大半夜了。

往返的那段山路曲折崎岖，凹凸坑洼，比较难走。

有些路段穿插于漫山遍野的高大浓茂的松树和杉树之中，月光根本无法渗透，很是阴森。晚上走这些路段很需要勇气和魄力。

返程途中要经过一个亭子，叫姻缘亭。它位于三岔路口旁边。抵达这里意味着小路汇入了水平大路。大路相对要宽敞很多，能供一辆三轮车行驶。

两个小伙子在爬完一个长长的斜坡后已筋疲力尽。他们来到三岔路口时准备到姻缘亭休息片刻再行赶路。

夜很静，风使劲地摇曳着亭子两边的松树和杉树。那松涛阵阵，哗哗唰唰的叶子声音令人不寒而栗。

两人刚走到亭子时，突然……

故事讲到这里时，我已经不敢听下去了。

那时年纪尚小，而且我胆子很小。

那个晚上，在我们村学校的乒乓球台上，听完故事后，我不敢一个人从学校摸黑回家。

一个大人送我回的家，他就是讲这个故事的人。

小时候我特别喜欢听别人讲故事，我喜欢听和母亲有关的故事。

我母亲特别擅长讲故事，可以称得上是门绝活儿，尤其擅长讲那些稀奇古怪的故事。她讲故事时，极其喜欢渲染故事氛围，用抑扬顿挫的语气，配上惟妙惟肖的各种模仿，让我这个小粉丝听得不知道有多着迷。有时我觉得母亲就像一本精彩的民间故事书，内容永远不会重复。

我从小时候听过的数以万计的故事中总结出一个规律。

大人们给孩子讲故事时总喜欢把故事背景设置在一个非常久远的时代，他们总喜欢这样开场："在很久很久以前"，或是"在远古时代……"

不过，我的故事并不想这样开场。

我的开场白是：

我要对"湘西"这一关键字做一个声明。我所说的湘西是特指湖南省西北部，位于湘鄂渝黔四省交界，地域介于东经 109°10′~110°23′，北纬 27°44′~29°38′ 之间的，武陵山脉由北东向南西斜贯全境的，行政区域总面积为 1.55 万平方千米的湘西土家族苗族自治州。

而非泛指湖南的西部。

湘西还有另一种理解是：湖南简称湘，所以它也可以泛指湖南的整个大西部。此湘西非吾之所谓湘西也。

这个神秘的湘西是我故事的载体，我讲的是一个真实的故事。

第二篇

茶坪村小学　　　　　拍摄人：龙明坤（三叔）　时间：1990 年

贫苦的孩提时代

大湘西的风景很美，青山绿水，风景如画。这种少见的山水之美是由于武陵山脉由北东向南西斜贯全境带来的，最有特色的莫过于石英砂岩峰林的地貌，实属世界罕见。

早晨烟雾茫茫，缠绕在半山腰和山顶之上，将整个武陵山脉装扮成一个人间仙境。

梧桐花盛开时节，漫山遍野，叫人应接不暇。

大风刮过，半山腰上那隐藏在浓密杉树之下的梧桐花像个娇滴滴的姑娘探头望天，很有一种雾里看花的感觉。

这些如诗画般的美景，只要我在推开我家窗户时是五六月份，我的视网膜就能轻易捕捉到，它们就在我家门前。

更美的风景我也见过。雨过天晴后，仙女会将她的腰带撒向人间。那腰带光彩夺目，七彩绚丽，连接在两座山之间，世俗之人给它起的别名叫作彩虹。

武陵山脉把湘西打造成人间天堂的同时，也曾把它变成一片炼狱。

我对于自己出生的那个时代印象最深的莫过于对贫穷二字的体验，这事可以追溯到 1978 年。

那时农村开始实行家庭联产承包责任制，以家庭为单位，实行包产到户。

分产到户是按人口来算的。我们家族总共有五个人头，分别是曾祖母、爷爷、奶奶、我父亲和三叔。我姑姑外嫁，大伯的户口很早就迁出了农村，所以都不算在内。我们整个家族总共分到四亩地，当时分地的标准是每个人头八分地。

我家穷最直接的原因是分得的田地少。

在父亲自立门户后，我家仅从家族中分到一亩地。这一亩地有八分是父亲原来的固有份额，剩余的两分是平分已故曾祖母遗留的份额所得。

在天公作美的情况下，一亩稻田的粮食收成够我们一家四口吃大半年。

如果不幸遇到旱年，那么粮食的收成就要看天意。

没有稳定水源或是离水源比较远的田地在旱年时大概率会颗粒无收，我家那一亩地基本上都属于这种情况。所以我母亲特别害怕碰到旱年。只要是旱年，她会一直为粮食的事儿发愁。

母亲应对粮食短缺的办法是在大米饭中掺杂其他成分，比如玉米、绿豆、黄豆之类的。这种措施在一定程度上能缓解家里粮食短缺的危机，但它治标不治本，最后母亲只得厚着脸皮四处到亲戚家借粮。

我的整个童年基本上都是在玉米饭、绿豆饭和黄豆饭中度过的。能吃到一顿纯大米饭是一种奢侈，能吃上一顿肉那更是奢侈中的奢侈。

但凡母亲告诉我晚上要炒肉，我中午一定会空着肚子，没有充分的空间准备总感觉对不起那些被屠杀的鸡鸭鱼鹅。

小时候最盼望的日子是过年，因为过年有大餐可以吃。有一个故事和蛋黄有关。

每年过年，我家都会打糍粑，那是我们苗族的一种传统习俗。

糍粑用的原料是糯米。糯米具有很强的黏性。

为了使糯米不粘于粑槽、粑锤、木铲子和桌子，需要用一种特殊的隔离剂，这时蛋黄就派上了用场。

鸡蛋是我的最爱，尤其是蛋黄。

蛋黄上场是有顺序的，它先从厨房的锅里取出，然后再拿到堂屋涂抹槽具，最后再用来涂抹盛放糍粑的桌子。

基本上蛋黄走过的路线就是我的行走路线，先从厨房到堂屋，再从堂屋到偏房，我一路紧紧跟随，寸步不离，就等母亲宣布：好了，剩下的蛋黄可以吃了。

这个等待的过程很漫长，我看着那蛋黄的体积越来越小，心里会不停地叨咕：为什么这糍粑还没有打完？

终于一槽打完了，我站在桌前看着所剩无几的蛋黄，赶忙向母亲提议："母亲，要不蒸桶剩下的糯米咱们不打了吧，留着过年当大米饭吃。"

"这么多糯米你要吃到明年过年吗？"有时母亲会以一种讥笑的口吻反问我。

见到我有些不乐意，母亲又会笑呵呵地安慰我说："儿子，放心，蛋黄还有呢。"

于是，母亲又去厨房拿鸡蛋。然后，相似的情景又重演一遍，直到我能吃到蛋黄为止。

从小到大，我和我姐都没穿过几件新衣服。我们穿得最多的"新衣服"是过年时大伯从县城里带回来的，堂哥穿不了的旧衣服。

那些旧衣裤其实也挺可怜的，从我堂哥开始穿起，堂哥穿不了了，丢给我穿，我穿不了再拿给我两个堂弟穿。一轮下来后，等到我最小的堂弟穿时那个衣裤早已缝补得不成样子了。

如果那些旧衣裤是男女生都可以通穿的，比如牛仔裤之类的，那么它的命运可能更加悲惨。基本上它要在我们家族所有孩子的身上轮转一圈，最后才拿去报废。

有时候，母亲会哄骗我穿我姐的旧衣服，还是花花绿绿的那种。

开始我听信了母亲的话，直到有人告诉我男孩子是不能穿裙子的时候，我才表示强烈抗议。

我小时候确实穿过我姐的裙子，不止一两个人这么说，它已经成了我们家族饭桌上下酒菜的笑话了。

时至今日，我对母亲那"男女仅一线之别"的解释仍嗤之以鼻，什么一条裙子只要从中间的位置缝上一条线，那么裙子就不再是裙子，而是变成了男孩子也可以穿的短裤了，这是我听过最荒诞最牵强的解释了。

不过，我不怪母亲，家里太穷，把她逼成了一个想象力极其丰富的哲学家。

留守岁月

我父母卧室里有一个红色的长方形衣柜，它是我母亲出嫁时从娘家带过来的嫁妆。

父亲在衣柜上放着一个木制的小书架。书架上陈列着很多书籍。

我翻过那些书，基本上都是些古董。

有一本叫《人生预测》，是中央民族学院出版社在1988年出版的。书的封面是十二生肖的八卦图。

这本书是所有书中最陈旧的一本。整个书的封面呈蜡黄色，固定书页的钉子已经生锈。铁锈透过书的封面呈现出黑色印迹。封面上还有油印和红色的笔迹，它们长期浸在纸上，已经和纸融为一体了。

还有一本叫《民俗奇书——万年历》。这本书是花山文艺出版社出版的。

除此外，书架上还有商务印书馆出版的，在背后印有元素周期表的《现代汉语词典》、中国青年出版社出版的《第二次握手》、延边大学出版社出版的《妙语大全》、人民文学出版社出版的《一千零一夜》等。

这些书籍是父亲收藏的。它们是父亲知识体系的一个组成部分，也是我初识这个花花世界的工具和思想启蒙的载体。

小时候，我不识字，最喜欢看的是连环画。虽然那些小册子都褪了色，但单看英雄们仗剑打斗的黑白画面都能让我一动不动地躺半天。有时甚至还会不由自主地比画起来。

慢慢地我开始有了武侠梦。

在我刚出生不久，我们村一组的第一台黑白电视刚好也在我家隔壁落户，所以我又赶上了武打片热映的浪潮。

小孩子对于电视里的武打片非常地痴迷，村里所有的孩子都一样。

基本上只要听到邻居家里有电视打斗的声音，下一秒我人已经到隔壁家电视前了，不论上一秒在做什么。而且不到被别人撵出的地步，我绝不回家，哪怕奶奶揪着我耳朵强行拖拽。

因为长期受这种武侠片和连环画的熏陶，我们一群小屁孩开始练起武功来，还各自削起兵器，相互切磋武艺。

有一次，我们一群孩子持剑去山上放牛。

把牛赶到野外后，我们心血来潮，展开了一场轰轰烈烈的玉米秆打倒行动。

我们手里拿着各自的兵器把旱地里的玉米秆子当成坏人一样扫荡了一遍。我们使出平生所学，从谷底一直扫荡到山顶，从一个山头扫荡到另一个山头。那一片片玉米秆子被我们打得东倒西歪，一片狼藉，整个场面相当壮观，就像发生过一场激烈的旷世大战一样。

当我们来到山头俯视自己所创造的宏伟工程时，唯有一片旱地里的玉米秆直直立在那里，显得有些格格不入。

那片旱地靠近山头的小路，是龙云妹家的玉米地。因为地里的玉米还没有收割，玉米还在秆上。虽然我们那时还小，但也知道种庄稼的不容易，所以一开始我们并没有扫荡。

但是那种格格不入的既视感就好像看到一个小孩子的头

发被剃得一干二净，唯独在头顶中央留了一撮毛一样，让人有一股恨不得把它一把揪下来的强烈冲动。

众小伙伴中，有一个手持两个梧桐木槌，门牙都还没长齐的孩子对我说："老大，干脆我们把云妹家的那片玉米地也干倒算了，反正也没人看到我们。"

向我提出"要挨鞭子"意见的孩子，叫三头。

这个孩子长得很有特色，主要是他的头。有箩筐那么大，一个可以顶别人三个大，这就是他绰号的由来。我曾听闻母亲说三头小时候在吃奶时，总要有人扶着他的头，不然总感觉他的头会掉下来一样。

三头这孩子从小便深得我心，我看着他那大光头上的那撮小羊毛，又看了看那格格不入的玉米地，最后决定索性将龙云妹家的那片玉米地也一并干倒，以达到画面该有的完整度。

那年我才四岁，正是挨鞭子的好年纪。

当时我的父母都不在家，有为所欲为的资本。

那片还没有收割的玉米地，玉米被我们打得遍地都是，有些玉米都直接飞到了小路下面的荆棘里去了，无从找寻。就这样，别人辛辛苦苦种的庄稼被我们糟蹋得实在不成样子。

我做梦都没想到，那天母亲刚好从市里回来。

因为家里田地少，为了能糊口饭吃，我父母在我断奶之后就去吉首市打工了，所以我和我姐很早就非常独立。

我父母务工走的是一条半工半农的自救脱困路线。农闲时，他们就一起去吉首打工。农忙时，他们会一起回家务农，直到忙完才又出去。母亲每隔一段时间会回家看望我们一次，那一次很巧给碰上了。

我前脚刚踏进门，母亲后脚揪住我的耳朵就是一阵狂拧。

"说！你们今天在天堂坡那边做了什么'好事'？"

母亲用反语宣泄着她那满腔的怒火。

我能感觉到母亲当时的气愤，但我仍矢口否认说没有。那是我一贯的作风，不屈服于任何武力的革命精神。

"你还敢说没有！"母亲那嗓子拉得很高，都有些刺耳。

"没有！"我仍在狡辩，"你说有，谁看见我们了？"

母亲被气坏了，她直接把我耳朵揪到一个双脚踮起来都够不着地面的新高度。

"谁看到你们了？"她说，"凡是经过天堂坡的人都看见了，龙云妹她母亲都已经找上门来了！"

既然别人都找上门了，我自然是无法狡辩。

最后，我为自己的过度审美付出了沉重的代价。我被母亲像修理缝纫机一样，狠狠地修理了一顿。

这就是玉米秆大扫荡事件。

可能是记忆细胞还未发育成熟，我对于早年的记忆很模糊，尤其是四岁之前的。我只对某些特殊的片段有些零碎的记忆。

我知道父亲早年在市里蹬三轮车载客，拉煤送煤，偶尔还会做临时工。母亲主要是做一些小本买卖的生意。父母不在家时是爷爷奶奶负责照顾我和我姐的起居。

我对爷爷陪伴的岁月没有一点印象，但对奶奶陪伴的印象很深。这主要依赖于我奶奶那独一无二的外形特征。

奶奶因常年劳作，身板异常消瘦。而且她的腰早早就被生活的重担给压弯了，越老越弯，在我很小的时候她已经手持拐杖了。

晚上睡觉时，我因怕冷会不由自主地向奶奶靠近。每次当我的小身板靠到奶奶的腰椎时，我能清晰地感觉到自己贴的不是奶奶身上的肉，而是她消瘦的骨架，哪怕隔着厚厚的苗服。

这种童年记忆伴随着我一生，而奶奶那无时无刻不展现华夏最高礼节的走路姿势也成了她去世后，我仅存的记忆。

母亲隔三岔五会回家看望我们一次。晚上睡觉时，母亲总会给我和我姐系一条小毯子，这样做是确保我和我姐在睡觉时不会因为踢被子而着凉感冒。因为我和我姐都还小，所以那毯子需要从中间对折两三次，才能形成一个适合的尺寸系在我们腰上。

我系上毯子后，并不会立刻睡着，还要在床上来回折腾很久。

这时，母亲为了哄我入睡会从衣柜上的书架取出一本本的连环画念给我听，这个片段记忆颇深。

不翼而飞的手表

我从来没有想过母亲会送我去上学，在我年仅五岁之时，那是一个很长的故事。

我们村有个奇人叫龙明书。此人自幼家贫，父母早逝，从来没上过学，但却很会讲故事，跟个说书人一样。

他讲的鬼故事很惊悚很刺激，不知道吓哭了多少孩子。

我印象最深的是他讲的那个和我们村另一个年轻人去木芽村相亲时看到红花轿的鬼故事，它成了我童年的阴影。

虽然有过无数害怕的夜晚，但这不影响我们对故事本身的喜爱，我们都是龙明书的跟屁虫和忠实听者。

基本上只要龙明书在家，而我们又有空儿，我们一群孩子就会相邀一起去他家听他讲故事。我们从来不在意他比我们年长许多。

有一回，我们一群孩子和往常一样在龙明书家听故事。

那天发生了另外一件事占据了我本该用来存储龙明书故事内容的记忆。

龙明书的叔叔从市区回来看望他，送了他一块电子表作为生日礼物。

那块电子表并不是新的，没有表带，但功能完好。

电子手表对于我们那群未见过世面，整日玩弄泥巴的山里孩子来说是一种很时髦很高科技的东西，我们都是第一次见到它。

我对电子表很好奇。我家有机械钟，但那需要上发条才能转动，而那电子表连上发条的按钮都没有，它是如何转动的？它没有秒针、分针和时针，是如何实现计时的？我最最好奇的是它上面的数字可以跳转，像动画一样。我很想知道它是怎么做到的。

我们听完故事离开龙明书家时，那块电子表就放在他家的茶几上，我看得很清楚，但后来听说它不翼而飞了。

没过多久，龙明书挨家挨户地把当时在场的小孩子都盘问了个便，最后轮到我家。

没有一个小孩子承认自己拿走了那块电子表，当然，也包括我。

不过，龙明书把矛头指向了我，因为根据其他小孩子的供词，我是最后一个离开他家的人。

我很惶恐，那时正值农忙，我父母都在家。

我的家庭教育模式是严父慈母型的。

母亲对我的教育是溺爱式的，她对于我的过错基本上停留在说教层面，充其量是拧拧耳朵，从来没有动过鞭子，而且很多时候走的是形式主义。

我父亲则不同。

在父亲心中有一把无形的尺子，在衡量我的所有交际行为。如果我越过了他设置的底线，那么他心中那把无形的尺子会转变成一条有形的鞭子，带给我一场触及灵魂的惩罚。

行窃是父亲认为的大忌之一，我很害怕。

我确实没有拿那块手表，父亲设置的规则让我不敢越雷池一步。手表是如何不翼而飞的我不得而知。

明书和我对质了一番，最终因为没有人证物证，他离开了。最后，父亲只是口头教育了我一番，我没有挨鞭子。

　　我小时候的顽皮一方面出于孩子贪玩好奇的猫天性，另一方面是家庭教育缺乏的体现。

　　经过玉米秆放倒事件和手表不翼而飞事件后，母亲决定送我去上学，在我五岁的时候。

　　送我去上学其实也是母亲的无奈之举。

　　她也曾试图把我带在身边，一边做生意，一边照顾我。

　　但事实证明，一个调皮捣蛋的孩子是一个女人不能成为商业大亨的最大阻碍。

　　搁在家里不行，到处闯祸；带在身边也不行，无暇做生意，于是母亲把目光对准了学校。

　　在母亲看来学校是个好地方，一来可以让我读书明事理，二来可以当我的寄容所。

一波三折

当母亲拉着我来到先生（父辈对老师的尊称）的办公室报道时，先生当场拒绝了。

那个报名的情景我到现在仍记得：母亲和先生在办公室里交谈，我像一尊雕像一样傻傻立在先生办公室的大门外，身后有很多孩子在嬉戏打闹，我却无动于衷，只为了等先生最后的表态。

对于我的提早入学，先生很是犹豫。

村里没有求学的风气。家长不重视、家庭贫困和孩子众多等诸多原因，导致村里求学的风气非常糟糕。

我们村里孩子上学的平均年龄是七岁，这也是一个默认值。八九岁、十岁上学也有一大把，十五岁、个头和先生一样高才上一年级的也有。

最早的是六岁，我姐就是其中一个。但像我这种五岁便要上一年级的在之前从来没有先例，所以先生很犹豫。他一直在盯着我看，就像看动物园里一只营养不良的小猩猩。

先生有一个细节我有注意到，他在打量我的同时，又去瞟了瞟我脑袋旁边门板上的挂锁鼻扣，然后才对我母亲说："二嫂，您这孩子我不能收，他太小了。您看他这个头都还没平齐挂锁鼻扣。您还是明年再送他上学吧。"

我那时才知道先生招收学生有一个条件，如果孩子年龄太小，那么他的个子必须高过门板上挂锁鼻扣的位置，我把这一规则叫欲先上学必先齐鼻扣。

客观来说，那个挂锁鼻扣的位置并不算高，是我个子太矮。我站在先生办公室的大门口前，头还没齐鼻扣下的挂锁。

先生驳回了母亲的请求。母亲很不甘心，她一心想把我往学校送，又和先生好说歹说了一番。但先生斟酌再三，仍驳回了母亲的请求。

先生推托说一个五岁的孩子可能连吃喝拉撒都不能自理，他一个人要带两个班，根本照顾不过来，而且上学太早，后面升学走读会很吃力。

先生分析得句句在理，母亲口才有限，算盘打空，最后只得把我领回了家。

剧情一波三折，没过几天，先生又登门造访跟母亲说可以让我去上学。最终，我还是成了早读生。

先生破例收我的原因很简单，上学的孩子实在太少，他招不到适龄的孩子，于是，我被拉去凑数。

那所小学

我们村里的小学位于村中央的位置。

听村里老一辈人说学校是在中华人民共和国成立后第四年，也就是 1953 年时修建的。

开始那里是一片枫树林，最大的枫树有上百年。村民们将大枫树锯倒后就地取材，建了一座三柱四棋、四排三间、穿斗式的独立复式吊脚楼。那就是学校教学楼的由来。

教学楼建好后，村民们又在操场四周种了几棵杨槐树和杉树充当防护墙。我就读时那杨槐树和杉树已经长成了参天大树。

我们教室的布置很简陋，一个陈旧的桌子当讲台，一块长方形的木板钉在墙上当黑板，四五排的长桌子作为座位。除此之外别无他物。

一楼的左右两厢分别是教室，中厢是先生的办公室，最早时先生也在那里开过一个杂货铺。二楼是储放杂物的地方，像课桌、板凳之类的。教学楼因瓦片长年未修，有时候会漏水，先生会拿一个洗脸盆到二楼接水。

学校的操场是一块满小碎石的平坦空地，除了一个乒乓球台和两个篮球架外，别无他物。

学校的厕所在乒乓球台旁边，是一所由几十块木板搭建而成的小茅房。这间厕所搭建得很敷衍，那些平铺的木板都没用钉子固定住，踩上去会有跷板现象，有掉粪坑的风险。

这就是我们村小学的整个布局，或许你都不需要花太多的心力就能勾画出那一目所及的简陋模样。

学校总共能容纳四十多个学生，但我们那一届，先生总共招了二十多个学生，一、二年级加在一起。

先生的工作很辛苦，一个人带两个班的所有课程，既当老师又当保姆。

因分身乏术，他通常会错开时间进行教学，在一个班上课时，另一个班便上自习。有时也会先给一个班上前半节课，然后再去给另一个班上后半节课。很多时候人们经过学校时，总能看到先生在两个班之间穿梭的忙碌身影。

当然，有时先生为了省事儿，会把两个班集合到一起上课，比如画画、体育课之类的。

我对于早年先生上的主课程印象不是很深，对于娱乐性质的体育课印象很深。

操场是我们一群小孩子撒欢的地方。

学校的篮球架由两根粗松树杆直立而成，因常年曝晒和风吹雨打，篮球铁框早已经锈得不成样了。篮球架也有些摇摇欲坠。不过，它并不影响我们这些孩子撒欢。

一群野孩子打球是一群饿疯的狮子抢肉的画面，场上尘土飞扬，刺耳的尖叫声混成一片。

不管谁抢到了球，反正往空中用力一丢。只要球落地又疯抢。抢不到的孩子会改用脚踢。

有些孩子表演三步上篮，然后直接和直立的篮球架热情相拥，鼻青脸肿。

先生倒也不太管，只要我们不把彼此挠伤就任由我们撒欢。

篮球之风在我们吕洞山区很盛行，村里每年过年都会举行乡杯篮球比赛，所以我打小就很喜欢篮球。

我的兴劲犹如熊熊大火般高涨，能焚烧整个内蒙古草原，但很多时候我在球场上连一个球都抢不到，哪怕自己的双脚都快跑断了。因为我是两个年级中年龄最小、个子最矮的。

混战中，偶尔会有球被不小心踢到下边小路的情况发生。最坏的情况是杨槐树和杉树没有把那球拦住。球在重力和惯性的双重驱使下，沿着斜斜的小路一直往下滚，滚到最下面的水井旁边的稻田才停下来。

这时，饿狼扑食的画面会有片刻的停顿。大家站在球场边上，目光一直追随着那球移动。这时会轮到我出场了。

"那个谁，你下去捡球！"

这是我出场时的统一台词，大家都喜欢指挥年龄最小的孩子去捡球。

我是矛盾的。我当然可以不去，但那是我为数不多，可以摸到篮球的机会，所以很多时候我又屁颠屁颠地绕小道下去，下田捡球。

后来，我厌倦了那种依靠捡球才能拍上湿篮球的苦力娱乐方式，再加上我气力有限，根本投不上篮筐，所以我改去打乒乓球了。我想去寻找一些力所能及的快乐。

我在村里就读的那些年有很多记忆都是关于打乒乓球的，和一群女生。

学校的乒乓球台是水泥做成的，下雨天后会有积水。开打之前需要用竹扫把把台面上的积水扫干净，不然乒乓球碰到水后根本弹不起来。

因为场地是露天的，有时会有风，打球有时候要考虑风的方向。如果别人发的是旋转球，那么你很难判断这球在第一下弹起来时到底是往哪个方向偏移的。很多时候球在空中的行走路线根本就不是物理学上所说的抛物线。

学校的拍子是纯木板的，并没有螺纹橡胶面，弹性十足。有时乒乓球打着打着就变成了打羽毛球，球能直接飞到厕所那边去。

早年的乒乓球质量很差，用力拍几下就裂开了。于是，先生便从他的小店里拿出透明胶给粘贴上。再裂开再粘贴，直到球弹不起来彻底报废为止。

我一年级打乒乓球的经历是在书写一部矮子运动员的悲剧史。

我眼睛的视线刚好到平台面，很多时候别人怎么发球过来的，我完全不知道。我看见球时，球已经过网了。

我只能接那些能飞出台面的长球。那些刚好过网的短球，我哪怕是跳起来也够不着。但只要我上场，别人基本上打的都是短吊球。

我只能等着球在台上跳四五下，跳到我够得着的地方，我才会拿出青蛙尝试咬诱饵的魄力去猛接一下。

等我好不容易把球接过去，对方会很有成就感地告诉我：乒乓球要在弹起的第一下接球，不然就是犯规了。这就是女人，喜欢欺负别人脚短，并以之为乐。

我在村里的求学之路并非一帆风顺，考虑到经常不在我们身边、我贪玩成性以及学校发生的意外事故等多方面原因，母亲做了一个重大的决定——让我和我姐转学去嘎婆（苗语的外婆）家念书。

于是，我开始了一段寄读的生活。

独特的苗家习俗

听说要到嘎婆家读书，我和我姐可高兴坏了，因为又可以见到亲爱的嘎公嘎婆。

去嘎婆家省亲是我童年最刻骨铭心的一段经历，它有着我们苗族特有的文化习俗和独特风景，又掺杂着我个人的甜蜜辛酸史。

我们省亲一般都会选在大年初二或是大年初四，其他日期不在可选范围之内，这是约定俗成的。

通常大家都会选在大年初二去。因为大年初四，有些外祖辈也要去她们的娘家省亲。

所以每到大年初二，整个吕洞山区到处都是携家带口，背着糍粑礼品，相互串门走乡的探亲人，像赶集般热闹。

有些相互穿插的省亲队伍在狭小的乡间小路上相遇，大家会争相让道，在擦肩而过时，还会很礼貌地询问对方打何处来，往何处探亲去。

碰到相熟的人时，大家会把背篓靠在路边的岩石上，然后停下来闲聊一番。那种对彼此毫不提防的真诚交际是苗族儿女淳朴热情的体现。

我小时候去嘎婆家省亲是一段辛酸史，因为从我们村到嘎婆村有几十公里，一路要跋山涉水，穿山越岭，需要走四五个小时的山路。对于一个几岁的小孩子而言，那无异于两万五千里的长征。

那是一段内心充满矛盾的旅途，我一边希望能和表哥他们一起放烟花抢鞭炮，一边又特别埋怨那种长途跋涉和步行劳顿。

在去嘎婆家路上，我向母亲抱怨最多的一句话是：如果嘎婆家此时此刻就在我眼前那该有多好！

每当这时，母亲就会信誓旦旦地对我说："儿子，就快到了，再转几个弯就能看到嘎婆家了。"

最开始，我相信了母亲的话。

我天真地以为再转几个弯真能看到嘎婆家。我很激动，我想象着嘎婆站在家门的石阶前拿着压岁钱迎接的场景，我铆足了劲儿往前冲。

但是我转了十多个弯，还爬了一个很陡的山坡，都能甩开母亲和我姐很远的距离，但还是没能看到嘎婆家。我才知道原来母亲所说的几个弯是修辞手法上所说的泛指。

那种被骗、心里扑空的感觉让我很抓狂。但我又无可奈何，毕竟母亲"骗"孩子是天经地义的事情。

在和母亲相互博弈的探亲路上，我通常都是扮演一个被哄、被蒙、被骗、被坑的悲剧小人物。

母亲为了化解我途中像念经般的各种抱怨，也是无所不用其极。

我的内心不断地被挑战、被蹂躏、被践踏，然后又被安慰。

我整个心理的循环波动无时无刻不在衬托着母亲强大的智慧，以及她对一个小孩子心理把握的恰到好处。

这就是我从小到大探亲的整个心路历程，如今回想起来仍历历在目。

　　至于我姐，她只是母亲拿来跟我做比较的正面教材和支撑起母亲很多观点的那个支点。

　　在嘎婆家过年是非常有意思的一件事情。嘎公的家族是一个非常庞大的家族。他有五个兄弟，所以我有十个手指头都数不完的舅舅和表哥表弟。

　　不过遗憾的是我没有一个亲舅，只有两个亲姨。

　　在我和我姐去嘎婆家探亲的第五个年头，我们直接留住在嘎婆家了，过上了一段寄读的生活，那是在一年级下学期的时候。

寄 读

嘎婆村里的教学条件比我们村要好很多。那里的教学楼比我们村大一倍，有四个年级，能容纳一百多个学生，附近村落的孩子都会到他们村求学。那里的操场也比我们村学校的操场大很多，处于水平面上，不会有球掉落到稻田的情况发生。那里的教师资源也比我们村要好很多，有两个教书先生。

但我和我姐的成绩却比在家里就读时更糟糕，这和教育条件关系不大，我把它归结于隔代教育带来的必然结果。

隔代教育有很明显的弊端。

嘎公在家里排行老大，他从小到大的经历都花在照顾其他兄弟姐妹上了，再加上家里穷，所以他没有上过一天学，是一个大字不识一个的标准文盲。

嘎婆和嘎公比起来要强上太多，她上过两天的夜校，不过，也是一个文盲。

我嘎公和嘎婆不太重视教育，也没能力去辅导或是引导孩子学习。他们对于子女的教育是持一种放任自流的态度。

在母亲三姊妹中，文化水平最高的是我大姨，念过高中；我母亲是初中生；至于我小姨，可以这么说，她拥有的只不过是一个能迷倒万千男人的躯体而已。

嘎公嘎婆对我和我姐的教育其实是他们对母亲三姊妹教育模式的延续，他们对我和我姐的溺爱程度远超对自己的三个女儿。

嘎公嘎婆对我和我姐上学的要求只有一条，那就是只要不去爬学校前面那个危险的变压器就行。至于学习成绩，考鸭蛋也是在创造奇迹。

我和我姐在学校基本上都是以玩取代学习。

我和表哥他们玩斗草、打弹珠、滚铁环、捏泥巴。

我姐整天和一群女孩子玩跳橡皮筋、捡石子，玩老鹰捉小鸡。

如何在放学之后，把我和我姐叫回家吃饭是嘎公嘎婆最头痛的一件事，我们总有一种千呼万唤终不回，不见夕阳不归家的感觉。

即使回家吃饭，我仍会端着碗去学校和别的小朋友边吃边玩。我姐更离谱，她有时会将饭打包去学校边上课边偷吃。

贪玩到这种程度，成绩自然不容乐观。

我对于当年那段寄读生涯印象最深的是斗草。

当时学校很流行一种叫斗草的游戏。孩子们对于斗草近乎着魔的状态，就跟清朝晚期民间盛行的斗蛐蛐一样，当年我主要的精力全部花在那上面。

那种草叫牛筋草，学校操场上、小路上、荒地上随处可见。

牛筋草是一年生草本植物，秆丛生，基部倾斜，根系极其发达，能高达一百多厘米，而且有很强的韧劲，这是它很有意思的地方。

斗草游戏说白了就是比牛筋草的韧劲。每个孩子手持一根牛筋草，草对草相互掰扯，看谁能把对方的草给掰断。把对方草掰断的一方视为胜利。

如果仅凭一株牛筋草能把其他所有人的牛筋草都给掰

断，那能直接被封王，那是一种至高无上的荣耀。所有孩子都在追求这一境界，这也是这个游戏的精髓所在。

但是想做到这一点很难，因为每根牛筋草经过一番较量后，韧劲都会有磨损，很难再顶得过三番四次的车轮战。

于是，大家使出浑身解数，想尽办法去增加牛筋草的韧劲。

我经过大大小小、无数的战役比拼后，也总结出了斗草游戏取胜封王的关键所在。

首先当然是选草。

太嫩的不能选，因为很脆。太老的也不能选，因为干枯易断。要选正值壮年的，而且越粗越好，这样韧劲才能够足。

其次是后期的人为加工。

人为加工的目的是增加草的韧度，这是取胜最关键的环节。

每个孩子加工处理的过程都不一样。能处理成何种韧度也全凭个人手艺。大家在处理这一环节时都是背对着彼此以免被偷师学艺。

我的做法通常是把草放在两个门牙之间，然后轻轻拖动草，让两排牙齿把草压扁。压扁的目的是把草里面的水分给逼出来，以增加牛筋草的韧度，同时还可以增加草的受力面积。

斗草都能斗出科研精神来，真的很难以置信，兴趣使然。

我那时斗草从来没有被封过王。其他小孩子我尚可一战，但我总过不了我表哥那一关。

我表哥叫石喜发，是我二嘎公的长孙，跟我姐同岁。

表哥很聪明，斗草很有一手。

他牛筋草的加工手艺很独特。先把草压扁分成三份，再把三份草相互缠绕，形成一个螺旋式的草绳。我估计他是看到女孩子扎辫子得到的灵感。经过表哥的加工，那种草绳不仅美观而且很耐斗。

表哥凭借这一手艺被封王无数次，我在崇拜他的时候，总想着如何才能打败他。

我一次次和表哥作战，一次次倒下，最后我着魔了。

有一次，我斗了整整一天，居然都没斗过表哥一根牛筋草。

在最后一次斗草时，我趁他不注意直接去抢他手里的牛筋草。

我简直不敢相信自己的眼睛，因为我从中扯出一根很细的小钢丝来。

从那以后，我渐渐对斗草失去了兴趣。

那天，我放学回家，嘎婆一脸惊诧地问我："我的乖孙子，你今天去吃草了吗？"

我才意识到自己一直用牙齿加工草，草溢出的绿色液体把我洁白的牙齿都染绿了。

一味地玩，我和我姐的成绩很糟糕。

期末考试时，我姐数学考了 18 分。

嘎公坐在火炕前，拿着我姐的试卷一直在瞅。他怎么都不相信，我姐那么聪明的一个孩子，居然只考了 18 分。

"是不是先生算错了？这点可怜的分数打汤都不够喝。"我嘎公嘴里吧嗒吧嗒抽着草烟问我姐说。

我姐没有说话，烟雾把她的眼睛熏得都快睁不开了。

爷孙俩人大眼对小眼，四目相望，都在想如何跟我母亲交差的问题。

我姐害怕母亲责罚，向嘎公要了一块钱，在赶集时买了根红色的圆珠笔，把 18 分硬生生地改成了 78 分。

暑假时，母亲回娘家的第一件事便是验收我们的学习成绩。

"闺女，你跟妈算算，你这 78 分怎么来的？"母亲看着我姐满是红色叉叉的试卷责问她说。

我姐支支吾吾了半天，说："可……可能是先生算错了。"

我姐小时候那胡扯瞎编的高光时刻，我也见过不少。

我的成绩和我姐差不了多少，五十步笑百步。

当母亲拿着试卷叫我数一数图里有几个橡皮擦或是问我嘎婆家养了几只鸡时，我秉着知之为知之，不知为不知的态度如实作答。

母亲苦笑不语，好像在说诚实是好事，但你总不能什么事情都说不知道啊！

母亲意识到隔代教育的弊端。她也盼子成龙，望女成凤，但她并不认为寄读的做法有什么不妥。

母亲认为既然嘎公嘎婆能把她培养成才，也必然能把我和我姐培养成才。可能我们成为不了国家的栋梁之材，但起码能像她一样，这个标准她是能接受的。我们可以不必青出于蓝，约等于蓝便成。

母亲的教育理念是继承我嘎公嘎婆的。

用母亲的原话说就是读书要靠天赋，如果一个孩子有天赋，那么不管他处于什么样的环境，他都是能读书的；如果一个孩子不是读书的料，那么即使条件再好，他也是很难考到高分的。

所以即便我和我姐的成绩再糟糕，母亲也并没有过分地责罚我们。她也不会去怀疑自己的做法和教育方式的问题。她只是向我们强调要发挥自己的天赋。

母亲可能不知道我的天赋已经发挥到斗草上面去了。

母亲对嘎公嘎婆很是信任，信任到她一个学期才回来看我们一次。

我很喜欢在嘎婆村念书的那种感觉。学校离家很近，一个打铃的时间间隙，我可以从教室冲回嘎婆家喝口凉水，再返回教室还不会迟到；在学校里有我表哥表弟一群玩伴，我有一种异乡人的优越感；我表哥还会罩着我，我可以不用再做那种干架干不赢别人就去偷偷拿石头砸别人家砖瓦的勾当；最重要的一点是嘎公嘎婆为我创造一种近乎绝对自由的生活，予取予求。

所以能在嘎婆家念完四年书是我特别向往的事儿，但一件微不足道的小事儿彻底扭转了整个事情的发展方向，我和我姐又再一次转了学。

那件事情是这样的，母亲回来后的第一天晚上照顾我睡觉。

当她说要给我洗脚时，我却对她说："我只要嘎婆给我洗，不用您帮我洗！"

能给自己的孩子洗脚是母亲觉得特别享受的一件事情，那是她表达爱的最好方式之一。但我却不假思索地给拒绝了，这是我母亲怎么都想不到的。

母亲仍坚持要给我洗脚，但后来我却表现出了反抗的情绪，这件事儿深深地刺痛了母亲。她怎么都想不到那个曾对她千依百顺的小主子，在事隔半年后，表现出了一种她从未见到过的生疏。

母亲意识到孩子暂离父母还可以，但如果离开了家，这种生疏会有一个性质的改变。这种情况她以前在家从来没有碰到过，于是她毅然决然地选择了让我和我姐重回我们村念书。

就这样，我和我姐在嘎婆家读了半个学期后，又重新转回了我们村里念书。不断地转学让我和我姐的学习成绩越来越糟糕。

那年的火灾

那天放学后，我和一群小孩子在学校的操场上玩弹珠。

突然，一个小孩子用一种很尖锐的声音大叫了一声："不好了，一组那边着火了！"

这句话像一个炸弹一样在我头顶上炸开，我有一种很不祥的预感，因为我家就在村一组。

我抬头往那孩子所指的方向望去，天空浓烟滚滚，像原子弹爆炸一样。于是，我赶忙跑回家。

绕过学校下面的稻田和水井，我终于看到了那触目惊心的一幕。

我们一组确实着火了。火光连成火海的场面虽然比不上当年项羽火烧阿房宫那般壮观，但也足以在我幼小的心灵深处留下难于磨灭的印象。

那火势很凶猛，熊熊火焰吞噬万物，冒着的青烟把整个天空都染成了黑色。

我们家附近那一片区域的房子密度很高，地基原本就是建立在完全相邻的旱地上。而且每户人家房前房后都堆满了柴堆，所以一旦有东西被点燃，那基本上就是塔罗牌效应。

很多村民在拼命救火。他们挑着水桶来来回回地在火源和水源之间奔跑。因为村里的水源极度缺乏，有些村民跑大老远去田里挑水，甚至是直接舀取猪粪人粪来灭火。不过，这些善举只是杯水车薪。

火势仍在蔓延，以三头家为中心，向四周扩散。虽然那时还没有烧到我家，但那只是时间的问题。

在跑回家的途中，我看到的尽是瓦砾激烈爆炸、烟灰满天飞的场景，还有就是村民在搬东西。因为无法扑灭火源，很多村民们就把家里值钱的东西先搬了出来。

我想尽快跑回家，因为我家并没有人。我父母在市里务工，我姐还没放学，家又上了锁。我担心别人想帮忙搬物资，但进不了我家门。

是我想多了，我跑到家门前时才发现我家早就被破门而入了。

好心的村民们正在帮忙搬我家的物资，什么锅碗瓢盆、衣柜、书架、簸箕、铁锹等，只要能搬得动都尽量往外搬。

我想上去帮忙。刚走到大门处，三叔和阿仲一边搬着缝纫机，一边呵斥住我说："小孩子别进去添乱，去安全的地方好好待着！"

于是，我又止了步。

我见我家大门上那锁还挂在那里，于是，我拯救了那把大锁。锁对于我来说有某种特别的情怀。

没多久，我姐也放学回来了，那时我家的东西已经搬得差不多了。

村民们原想将我家的房子推倒以达到阻断火势蔓延的目的。但我家房子地基和框架打得太牢固无法撼动，最后只得留下一个空壳摆在那里。他们在我家的外墙上浇了很多的猪粪。

那场大火持续了很长时间，从下午一直烧到晚上，熊熊火焰在漆黑的乡下夜晚显得格外明亮。

能做的都做了，该搬的都搬了，村民们剩下的只有在安全的稻田上远远观望和祈祷。

我家旁边的十几户人家被烧得片瓦不剩，火终于要蔓延到我家了，我想我家也应该要完蛋了。

说起来难以置信，半夜里，突然刮起了一阵很诡异的东北风。那风劲甚是猛烈，刚好又把火势往我家相反的方向推，所以火势到我家隔壁就中止了。因为那一阵诡异的风我家在那场大火中幸免了。母亲说是祖上显灵了。

我家除了四面墙壁和房梁有些烤焦外，其他的损失并不算大。

最惨的当数三头家，那里是火源的起点，他家连一点像样的家具都没搬出来。

事后大家追究这起火灾的责任。一个孩子被推上了风浪口，那个人就是三头。他是那场火灾的始作俑者。

有些灾民上他家讨说法，因此引发了一系列的口水战和村民经济纠纷。

那场火灾跟三头的家境有莫大的关联。

三头原名张三波，是外姓族，他并非苗族而是土家族。因为他嘎婆膝下无子，所以他从小就被父母送到我们村寄养。

三头家里除了年迈的嘎公嘎婆外，并没有其他成年人。他的几个姨都外嫁了，所以他在很小的时候便成了家里的顶梁柱，每天什么活儿都干。

事发当天，三头给他嘎婆弄晚饭。

他弄好饭后，剩下的炭火没有完全弄灭，就出去玩耍去了。

星星之火可以燎原。

那些没有燃烧完的长树根点着了他家厨房里的绿豆秆，

然后火势从他家厨房开始蔓延，连到牲畜棚圈，最后再到他家木房。这就是火灾的起因。

因为木房耐火性极低，所以当别人注意到他家有浓烟飘起时，一切已然太晚。

我爷爷在那场大火中过世了。他去世得很突然，没有任何征兆。

我对爷爷的印象不深。我只记得他用油茶树给我削过旋转陀螺，在我很小的时候。那种陀螺特别耐斗。爷爷还会用稻草编制草鞋，用竹子编制簸箕，用芒草编制玩具篓。

据三叔说爷爷年轻时曾在县里当过环卫工人，后来因为腿脚出了毛病就从县里回了乡下。

爷爷的左腿有毛病，具体什么病不得而知。三叔曾带爷爷去医院看过一次，但医院没有检查出个所以然。医生开了点药，爷爷回家吃后腿有好一些。药停后，爷爷的腿开始浮肿。

因为那时我父亲三兄弟各自家庭条件都比较困难，所以都没有钱给爷爷去更好的医院做检查。爷爷的病就那样一直拖着。他的腿浮肿得越来越厉害，最后连床都下不了。

火灾那天，爷爷被背下了床。当晚，他便与世长辞了，享年七十五岁。

家园被毁和爷爷的过世让我们一家人有一段时间一直处于一种悲伤的氛围之中，久久无法自拔。

大伯为了我们孩子能重拾快乐，从县城里带了一条刚满月的土狗给我们养。那条被取名为小黑的土狗确实给我们家带来了很多的乐趣，它终结了我们的悲伤。

爷爷的丧事办完后，为了重建家业，我父母在家待了有近大半年的时间，那是我和我姐整个人生中最幸福的一段快乐时光。

我对于那段住在破屋檐下抬头便能仰望星空的独特岁月记忆颇深。

每天早上，父亲最喜欢做的一件事情是听录音机。

黎明那首《今夜你会不会来》取代了以往奶奶不厌其烦的嘶吼声，成了我和我姐每天起床上学的新闹铃。父亲对音量的把控恰到好处，能刚好把你吵醒，但又不至于让你大发雷霆。

父亲请了很多木匠帮忙。家里一天到晚都是电锯的声音。那种喧闹的嘈杂声对于我们来说是一种听觉享受。它让我觉得这个家有了一些生机，不再那么静得吓人。

家里锯子、刨子、直尺、锤子、木锉等工具到处都是。我和我姐总喜欢上去捣腾，但很多时候换来的是各种各样的免费的安全教育，很不耐烦的那种。

晚饭过后，还有父亲专场的相声秀。我们一群人坐在空旷的屋檐下一边仰望浩瀚星空，一边听父亲讲述他在市里拖煤运煤时发生的趣事儿。

我父亲有点黑色幽默。他的小书架上面有很多关于口才和幽默方面的书籍，他看过不少。他对幽默二字有着自己特有的理解，这可能是母亲当年看上他的原因之一。

晚上睡觉时，母亲会给我和我姐讲故事。很多时候，我怎么睡着的都不知道。嘎婆讲的那些民间故事通过母亲的复述，在我们三代人中得以传承，像《古七古八两兄弟智斗地主》和《懒汉吃饼》等。

那段时间我们家庭的气氛非常温馨，歌声相伴，亲人相陪，家充满着欢声笑语，那些木匠成了当时的见证人。

因为地基和核心的房架还在，我家重修算比较快的，整个工程只用了短短几个月的时间。

在家修建完成后，父亲还专门制作了一个乒乓球台，供我们一群小孩子娱乐。

那些被烧得砖瓦不剩的人家重建进度要慢很多。

在我家竣工后，连涂在外墙壁上的桐油都晒干了，三头家连四面墙壁都还没有开始装修。我每次去他家找他玩时，从外面可以清楚看到他家里面所有的东西。

三头的嘎婆是一个很邋遢很糟糕的老太太。不过，我并不觉得她是一个令人谈之色变的女巫，虽然母亲说老太太曾经给她下过蛊。

因为有那么一个邋遢的嘎婆，小时候三头头上经常长虱子。只要三头头上长虱子，他嘎公便给他剃个山羊头。三头的身世其实也很可怜。

发生火灾的那一年我在上二年级。我对于二年级的学习没什么印象，可能是那场大火记忆太深而冲淡了其他记忆的原因，不过，我仍升了三年级。

村里有的孩子在念完二年级后就辍学了，我姐他们那一届就有两个。

其中一个叫佐平。

佐平家里很穷，用家徒四壁来形容并不为过。房子就跟别人家的牛棚差不多。因为太过陈旧，他家的房子形成一个倾斜度，摇摇欲坠，但就是没钱翻新。

家里没钱供佐平读书是他辍学的一个原因，还有另一个原因是他在二年级上课时不敢向先生请假，于是把屎拉在裤裆里了，成为全村人的笑柄，从那以后佐平再也没有上过学。

辍学的另外一个同学是个女孩子，她叫龙云妹。

龙云妹是一个很另类的女孩子，她的五官非常精致，但左眼却患有先天性白内障。

我记得在画画课时，先生会安排我们两个年级合在一起上课。我坐在龙云妹身边时，不太敢和她对视。她的左眼白茫茫一片，根本看不到黑色的眼珠，我觉得有点吓人。

那只左眼毁掉了她整个人。她的性格极其孤僻，很自卑，话很少。因为害怕别人有色的眼光，所以她选择了辍学。

龙云妹的白内障是遗传她父亲的。

关于她父母的爱情故事我听说过很多个版本，母亲所说的落花洞女只是其中一个。我问过村里很多的长辈，每个人给我的说法都不一样。不过，他们所说的故事有一个共性，迷信成就了龙云妹父母的姻缘和她的家庭。

在农村有一部分孩子因为各种各样的原因在很小的年纪就已经辍学了，这一部分人因为认知有限，开始慢慢汇入社会的最底层。

第三篇

堂朗中心完小小学　　　　　　　　　拍摄人：龙晓勤　时间：2022 年

天平岩

我们乡小学有一个很长的名字，叫堂朗中心完全小学。学校建在乡政府所在的大岩村，距离我们村约有两公里。那是所中心小学，凡是村里没有教育条件的孩子都会会集到那里求学。

我在村头水车旁边的小河里洗澡时会碰见那些放学后从大岩村走读回村的孩子，这种事情在我七岁之前发生过无数次。

我很确定早出晚归性质的走读是一件比较辛苦的事儿，但那些走读回村的孩子泰然自若的表情让我产生一种错觉：走读其实并没有我想象中那般辛苦。

七岁时我终于亲自体验了那种生活，它对于我来说很辛苦。

我上三年级时才七岁，母亲并没有让我留级的打算，先生说我的成绩还不错，她觉得没有留级的必要。七岁走读刷新了我们村自建村以来最小年龄的走读纪录。

我整个走读的生涯就是和从我家门口到学校门口两点之间的那段山路抗争的血泪史。

那条羊肠小道崎岖迂回，颠簸不平，大体上可以分为三段。

第一段是从我家门口到天平岩坡。

它由我家门口开始延伸，穿过我家后园的稻田、小河上面的木桥，再过水车，穿越完一片野树遮目的原始森林，就到达了天平岩的坡顶。

　　这一段山路很窄，宽的地方也就两尺，窄的地方一尺都不到。尤其是稻田边的小路，可能刚好下脚。在这种稻田边的路上行走，所有的追逐打闹和试图超车都被视为找借口变相下田。

　　山路坡度不算太大，但森林所在的山头很大。羊肠小道伴山而行，要转很多个弯，高大阴森的松树林比较考验孩子的心理承受能力。

　　第二段是天平岩坡。

　　天平岩坡是求学山路的中间段，也是整个羊肠小道中最崎岖陡峭、坡度最大的路段。它是我整个走读生涯的噩梦。

　　整个岩坡路面由褐色页岩和黄石头组成。凹凸的页岩让原本就坑洼的路面显得更加不平。长年累月的行走让黄石头变得光滑。下坡很多时候是在做溜滑运动。

　　天平岩的坡分层，最陡的几段分别靠近坡底和坡顶，有接近夸张的垂直九十度。那陡峭的岩坡用李白的诗句"黄鹤之飞尚不得过，猿猱欲度愁攀援。青泥何盘盘，百步九折萦岩峦"来形容很贴切。

　　因为岩坡过于陡峭，附近村民在砍伐树木时都不敢人工搬运，只能将木头沿着山斜面径直放下去，所以在天平岩坡小路的两边可以看到有很多处光滑的垂直槽沟。

　　下天平岩坡有不小的风险系数。疾跑是下坡的大忌，脚着力不均匀极容易崴脚。脚踩空更危险。如果刹车不及时，很可能会直接滚下山崖。如果是从垂直槽沟滚下去，人能摔成肉泥。

　　我们在下坡时都是小心翼翼，一步一个脚印，都在尽量避免疾跑现象的发生。但很多时候又身不由己，坡太陡。

队伍在下坡时通常要保持一个安全距离，而且每次被动跑下来一小段距离后，都需要做减速动作。可以找一块相对凸起的石头充当刹车减速器，或是在跑动的过程中顺手抓起路边的小树来缓冲减速。

雨雪天会将天平岩坡的风险系数提高好几个档次，尤其是下雪天。

在我印象中，大湘西每年冬天都会下雪，而且都是铺天盖地的。

很多时候，我一觉醒来有一种置身雪国的错觉。冬天结的冰很惹眼，一推开窗户，我家门前那片竹子林上面的挂冰已经掉到了地面上。

村里并没有接送孩子上学放学的骄纵习惯，哪怕天气再恶劣，一直都是让孩子们自己去承担路上的风险。学校也并没有因为大风大雪而停课，孩子们也不会因天寒地冻而请假，所以翻山越岭、踏雪走读成为司空见惯的事儿，也引发了各种各样的事故。

我印象最深的一次是积雪有一尺多厚的那天。

我们在下天平岩最陡的坡段时有些坡点结冰太过滑脚，领头羊需要先用火炉将地面的冰块融化，然后才敢下脚。

一路上，开路的同学需要不停地用高筒靴探路，我们的队伍走得很慢。

慢就有迟到的风险，所以又会有人催促加速前行，然后意外就发生了。

队伍后面有人突然滑倒了。从第几个开始滑倒的，我不知道。

我只听到"啊"的一声叫喊声，然后塔罗牌效应伴着刺耳的尖叫声已经传到了我身后。

因为害怕别人撞到自己，但凡听到身后有叫喊声时，前面的同学都会下意识地去避让。有的索性借势一屁股坐在雪堆上滑行；有的直接去抱路边那满是积雪的小树。

我根本没有时间避让，背后一个推力将我向前推去，然后我成了一名未受过专业训练的溜冰运动员。

我没有学过如何在冰上刹车，惯性把我变成了一台人肉推土机，一直往前面的人群冲去。

我的叫喊声又吓到了前面的同学，他直接摔倒了，反过来把我给绊了一跤。

我跨过同学摔倒时头是朝下的。转弯处的小路下面是一片稻田，我径直往那片稻田俯冲而去。

我狗趴式的跳水姿势固然拉风，但也容易摔死，毕竟那块田距离路面有三到四米的高度差。

情急之下，我顺手抓住一股芭芒草。终于，那股很有韧劲的芭芒草把我的身子翻转了过来。

当然，芭芒草翻过来的不仅是我的身子，还有我另一只手紧握的火炉。

火炉里的炭火随着该死的地心引力顺势而下，直接浇在我身上，给我带来了一场火辣辣的炭火之浴，吓得我赶忙松开双手。

火炉丢得还算及时，炭火并没有烫伤我，只是把我的衣服烫了几个洞。

田里虽然结冰，但还不到可以在其上溜冰的地步，最后我双脚直立在田里。

那一天天很冷，整个大地就像处在一个大冰箱中。

我穿的并不是高筒靴，而是保暖的厚棉鞋，所以我的鞋子湿透了。

我立在稻田里时感觉田水尚有几分暖脚，但只要双脚抽离田地，我便能感觉到那冰冷空气带来的恶意。

为了上课不迟到，我裹着湿透了的棉鞋去了学校。

虽然那棉鞋的质量很差，但保湿能力却出奇地好，跟个尿不湿一样，我在学校烤了整整一天都没烤干。晚上回到家时，我的双脚长了好大一排冻包，肿得跟猪脚一样。

求学的第三段路是从天平岩坡到学校。

这段路是平路，也是整个求学路上最轻松的一段路。只需要绕着山坡下的那些稻田过几段河桥，穿过五竹村，就能抵达学校。

这一段由三节截然不同的路面衔接而成的求学之路，对于常年与山为伍的农村孩子来说并不算太远。我小时候去嘎婆家探亲时走过更远的山路。不过，省亲一年才走一次，而求学是每天一来一回，所以它对于我来说仍算很辛苦。

我与这段求学之路的抗争表现在很多方面。

除了因山路陡峭而带来的危险之外，还有体力的抗争。

走读并不是饭后闲暇的野外踏青，它是一场发生在不同年龄段间的孩子相互追逐时间的游戏。

所有孩子都以最短时间回到家或是赶到学校为一种荣耀，所以特别考验孩子的体力，我在这方面比较吃亏。

因为年龄小，腿短身矮，别人每跨一步，我基本上要跨两步。但凡别人提点速，我基本上就要小跑，我在你追我赶的游戏中很容易因为体力不支而掉队。

受年龄、性别、年级、家距离远近等诸多外在因素的影响，在走读时会有批次的概念。

一个长长的队伍走着走着就分批了，走得快的一批，走得慢的一批；男生一批，女生一批。

通常每个人所属的批次是相对固定的，但我的情况比较特殊。我属于动态批次。

很多时候，我在出发时是在男生中最快的那个批次，但走着走着就走到了我姐女生队伍的那个批次里去了，尤其是在放学回家的时候。

为了在放学之后能有足够的体力爬天平岩坡，所有孩子都会带午饭。有些孩子甚至直接把午饭藏在天平岩坡山脚下某处隐蔽阴凉的芒萁丛里，等放学后再吃，以确保有足够的力气爬坡。

在走读时，我最害怕的事儿是独自一人走那段山路。有很多东西特别考验一个七岁孩子的心理承受能力。

早上山上浓雾遮眼，会让人有一种孤立于山林的感觉。每转一个弯，都对未知的前景感到莫名的恐惧；浓密的柏树上突然振翅而飞的麻雀总能让我汗毛竖起；雨过天晴后，会有毒蛇出没，它们经常潜伏在稻田引流的水沟里，如果不小心踩中，可能会致命。路上会偶遇一些神经不正常的疯子，这种疯子对孩子很有威慑力。

我曾有过几次单独上学的情况。有一次情况非常特殊，它发生在三年级下学期。

巨人倒下了

火灾给我家带来的间接后果是严重的财务危机。

起房用的木材费、搬运费、木匠费、砖瓦费、瓦匠费、工人们的一日三餐的伙食费等，让我原本就不富裕的家庭雪上加霜，债台高筑。

鉴于还债的压力，父亲在重建完家园的第二天又马不停蹄地去市区赶工去了，母亲则留在家里处理收尾的零碎工作和照顾我们两姐弟的起居。

为了尽早还清家里的债务，母亲想尽了各种办法去赚钱。她把嘎公的绝活——种蘑菇——搬到了我们家。

我在三年级下学期有一段很深刻的种蘑菇的记忆，我还曾把它写进了老师布置的暑假作文里。

虽然我那时文笔很粗糙，但文章的逻辑还算清晰，而且感情很真实，所以被老师当作范文在全班同学面前宣读，我记忆很深。

那篇文章叫《种蘑菇》，它讲的是整个暑假我和我姐在家里帮母亲种蘑菇的经历。

种蘑菇的整个流程并不算复杂，总共分为四步。

第一步：先去野外挖树根，然后搬回家中；

第二步：用专门凿洞的工具给树根打洞，这一步会产生圆形的树皮盖；

第三步：把蘑菇的种子塞到洞里；

第四步：用圆形的树洞皮盖住洞口。

当然，在种植过程中还有很多细节要注意，比如洞不能打得太密，否则蘑菇可能长不了太大；树根一定要选树皮比较厚的那种，否则凿洞打出的圆形盖子容易打烂，甚至打不出盖子，像桐油树根和枫树根是比较理想的选择；蘑菇在种好后，一定要统一放在阴凉的地方以免被曝晒。如果碰上干旱天，需要人为定时浇水，否则种子容易旱死。

母亲说蘑菇种子需要等半年以上才能发芽长出，于是，我和我姐每天都在盼着蘑菇快点长出来，那样我们就能和母亲一起采摘蘑菇，然后拿到集市上去卖了。

这些就是语文老师当着众同学的面朗读的内容，这一段我的记忆尤其深。

其实有很多东西我在文章里没有记录，比如前期找树根的艰辛。

找树根是整个种蘑菇过程中，最费时间和最费体力的活儿。别的不说，光是将数以百计的树根从几公里甚至是十几公里外的山上往家里搬，就能耗费一家人的全部精力。

也就是在那段时间，母亲经常因为太过劳累而晚起，我和我姐上学就会迟到。

有一天，母亲又起晚了，我和我姐又没有赶上大部队，我早上一直在厨房里喋喋不休地抱怨。

母亲看起来很累，没精打采的。不过那不是我关注的重点，我关注的重点是如何向老师解释为什么今天又迟到。

没有时间弄早餐，母亲只是给我和我姐炒了点隔夜饭填肚子。

我那天运气很背，母亲给的零花钱在我一路狂奔的途中掉了，那是我整个走读生涯中唯一一次没有吃上午饭。

屋漏偏逢连夜雨，更悲催的还在后面。

老师布置背诵古诗的家庭作业，我忘得一干二净，周末帮家里搬树根分散了我所有的注意力。

放学后，我被语文老师留校背诵古诗。

等我背完古诗后，我们村里所有孩子都回家了，包括我姐。我只能一个人回家。

我的状态并不是很好，周末累了两天，骨头都快散架了。那一整天又只吃了点闲饭。

在走出学校大门口时，我感觉整个人轻飘飘的，浑身无力。双脚像是被套上了千斤铁链一样沉重。书包让我所剩无几的体力更加吃力。

我肚子一直在咕咕叫。我一边往回家的方向走，一边想弄点吃的。没有钱，我能想到的办法是去乞讨。

回程最先经过的地方是工班。

这工班是一个地名，但不是一个村子。它就在乡政府的对面，只有两家孤立地坐落在公路的上面。

工班是一个特别好要饭的地方，因为那两家人都是公家的人。他们平时就是以维护乡政府整条公路为生，吃着公家的粮食，以为人民服务为办事宗旨。我决定向那两家人走去。

两家人中有一家人的门外设有水泥栏杆，看起来更富有一些，我锁定了目标。

那家人的大门是敞开的，我像个小偷一样站在他家门外往里瞄了很久，但却迟迟不敢迈步进去。

他家堂屋里有很多凉薯散乱地放在背篓旁边，看得我直流口水。

我心里很清楚只要自己进去开口，表明难处，那家好心人一定会解囊相助，就像我母亲曾经给过乞讨的流浪汉地瓜一样，但我就是没有勇气进去。

我不知道怎么样去形容一个七岁孩子的胆小和怯懦。

我有做过很激烈的思想斗争，我清楚地知道如果自己不吃点东西是绝不可能爬上天平岩坡的，但我就是没有那个胆量。

我傻傻地愣在门外，连气都喘得很小心，总担心被别人发现。

就在我犹豫徘徊时，突然，一个大人的身影从堂屋里走出来。于是，我赶忙撒腿就跑，还没等我们有任何的眼神交流。

那个大人应该是追出来了，不过，后来没有奇迹发生。

就这样我错过了一次填饱肚子的机会。

过了工班便到五竹村，我同样没有勇气去村里讨吃的，只得一路上寻找野味充饥。

任何能吃的东西我都不放过，山莓、酸竹筒、木瓜子、地枇杷、刺果儿、山茶包、野生猕猴桃等。虽然我那时还分不清它们的成熟季节，但只要是有可能找到它们的地方，我都会瞅上一瞅。

很不幸，我绕着那些稻田和河道的小路走了一圈，只找到几株刺果儿，连塞牙缝都不够。

过了五竹村，我来到了天平岩山脚下。

我去了原来那处经常藏午饭的芒萁丛里看了看，我幻想着可能自己某天带的午饭被落在那里，但那里空空如也。

没有人告诉我芒萁的根能不能吃，会不会食物中毒，但饥饿难耐的我剥开皮就直接开吃了起来。

事实证明，芒萁根是能吃的。它其实是一种草药，可以清热利尿，化瘀止血。我如今查过资料后才知道，当年也曾用生命亲自证明过。

只吃芒萁的根我根本吃不饱，那时也不敢吃太多。

我就一直坐在山脚下抬头望着那条盘旋曲折的崎岖小路望洋兴叹，电线杆上的那些鸟儿在嘲笑我的弱不禁风。

我脑海里闪过很多的想法，如果自己执意爬山会不会因为体力不支而饿死在路上。我不想成为饿死鬼，但又没有退路可言。我觉得先生当年拒收我的做法是那么明智，我就不应该上学那么早的。

天色越来越晚，太阳落山了，很多外出务农的农夫都已经赶牛回家了。

再过不了多久，夜幕就要降临了，我不知道该如何是好。

在我进退两难的时候，有一个人从另一个小道的方向迎面朝我走来。他有四十多岁，瘦骨嶙峋，蓬头垢面，一把长长的邋遢胡须很显眼。

他穿着一身破旧不堪的衣服，脚穿一双很破旧的草鞋，肩上扛着锄头。锄头前端挂着一个不锈钢饭盒和一个大号的塑料水瓶，满身的泥土迎面朝我走来。

所有在大岩村读书的孩子都认识那个人，他叫大培。他家就住在我们学校后面。

在我出生的那个年代，农村有很多的疯子，大培就是大岩村的疯子。

农村出现疯子的原因主要有两个：第一是近亲结婚；第

二是家庭贫困，没钱看病，再加上医疗水平相对落后，病魔把一个正常人变成了疯子，据说大培是第二种。

大培的疯我在学校时就见识过，他有事没事总喜欢一个人在学校附近的马路晃荡。有时自言自语，有时大吼大叫，他还会拾路边上的烟头抽，我们小孩子都特别怕他。

有人说他有时精神正常，有时精神不正常。

精神正常时，可以正常和人沟通；精神不正常时，会往自己家的水缸尿尿。

他做得最疯癫的事是挖宝藏，那是家喻户晓的事儿。

大培自认为土匪被剿灭以后，土匪曾经抢来的那些金银珠宝一定还埋藏在他们居住过的那些山头。于是，他就天天跑去山上挖宝藏。这一挖就是一辈子，很多山头都被他挖得稀巴烂。

大培其实并非他的本名。"大培"在苗语里有疯狂淘金者的意思。

大人们为了小孩子能远离大培这种疯疯癫癫的人，还会添油加醋地吓唬孩子们说大培会拐卖儿童，所以我们小孩子没有一个不害怕大培的。

那种害怕和忌惮鬼神的害怕性质不一样，我主要是怕他一个擒拿手把我装到麻袋里，然后卖到省城里去。那是一个七岁小孩子的心态——害怕和亲人分离。

如果是一群小孩子在路上碰见他倒也还好，但那天就我一个人，我感觉只要他打个响亮的嗝都能把我吓得掉到田里去。

当时我有两种选择：要么硬着头皮，不管三七二十一，

直接爬上天平岩回家；要么掉头找个地方给他让道，变相欢
送他回家。

我毫不犹豫地选择了后者，因为我仍没有勇气面对与天
空平齐的天平岩。

在五竹村靠近山脚下的地方有一口水井，我在水井三岔
路口那里和大培错开了。

那是一口露天的水井，有一个头上扎着个马尾辫，身穿
一身满是补丁旧衣服，脚下穿着破旧凉鞋的小女孩子正在水
井里打水。

那个小女孩我正巧认识，她是五竹村石安成的女儿。

五竹村很小，那时总共就五户人家，最靠近天平岩坡的
那一家人叫石安成。

石安成曾是我们学校一位很有名望的教书先生，后来为
了要个儿子，连生四胎而丢了铁饭碗，那是我父亲讲的故事。
我父亲和石安成老师是高中同学，我们两家颇有渊源，也可
以算是世交。

那个小女孩是石老师的三女儿。

有了这一层关系后，我自报家门，在水井那里向那个小
女孩要饭吃。

然而她根本不认识我父亲，也不认识我，我那门亲戚攀
得很尴尬。

那是最后填饱肚子的机会，我不想放弃。

我跟她说我姐和她大姐是同班同学，终于她把我带去了
她家，在打完水后。她是一个很善良的小姑娘。

我去她家时，只有她奶奶一个人在家，这让我安心了
不少。

我现在还记得她奶奶，那是一个很有趣的老奶奶。

在我踏进她家大门时，老奶奶看着我瘦小的身影和硕大的书包形成的视觉差，打趣我说："天哪，我好像看到一个书包走进了我家的大门。"

我的书包是母亲给我买的，是一个蓝色的长方形双肩背包。它的面积有点大，我背着它时，别人基本上只能看见我的头和脚。

在我吃饭的整个过程中，老奶奶的目光一直聚焦在我的书包上。

她还特意用手掂量了一下，可能重量超过她的预期，于是，她又笑呵呵地对我说："小朋友，你确定是在读三年级吗？我感觉这是六年级的书包啊。"

她主要想说的是我的书包很重，我听得出来，她说很多轻松的话题来缓解我紧张的情绪。

我很认真地回她说："嘎婆，我是真的才上三年级！"

然后，她悠悠回了我一句："嗯，看来知识是有重量的哈。"

我觉得她那句话很有道理，知识是有重量的。

在石老师家吃的那一顿饭让我有了回家的体力。

整个回程的路上我都是战战兢兢的，我也不知道自己到底在害怕什么，但是黑夜的那种气氛，脑海中想象的那些画面就是那么考验一个幼小孩童的心理承受能力。

我刚爬上天平岩时天就已经黑了，我只能摸黑回家。

我一直盼望着母亲能打着手电筒沿路接我，但是没有。

我很生气，我把这一切都怪罪到了母亲头上。

我已经想好了责怪她的台词：要不是你早上起晚了，我根本不会迟到，也不会因为赶时间而掉钱，更加不会一个人饿着肚子回家，更加不会摸黑回家。

但是母亲没有给我发泄的机会，她躺在床上一动不动，连睁眼看我都很吃力，她病倒了。

我以为那个能撑得住天地崩塌、无所不能的钢铁人，她倒下了。她原来也是那么脆弱。母亲是积劳成疾倒下的。

为了能尽早把债还清，她一个人在家里养鸡养鸭、养猪放牛、砍柴捞猪草，还要种蘑菇，还要照顾我们两个孩子，这已经远超过她身体所能承受的最大负荷了。

那是母亲病得最重的一次，也是最接近死亡的一次。

家里来来去去走了好几拨郎中，开了很多药，但母亲的情况仍不见好转。

她迷迷糊糊地躺在床上，那一躺就是整整一个星期。她的卧室里弥漫着浓浓的草药味。

母亲的身体越来越虚弱，睁眼越来越吃力，脸色苍白得像个幽灵，那并不是一个好兆头。

我不知道父亲为什么不把母亲送去医院，可能是家里没钱，也可能是母亲不想去。

后来的事情更严重，母亲神志不清，都开始说胡话了。她说她梦见了我爷爷在向她招手。

我和我姐不敢去学校上学，总担心一出门后就再也见不到母亲。我们就一直守在母亲的床头，一步都不敢离开，连上厕所都是快马加鞭的。

有一天夜里，母亲突然歇斯底里地大叫了一声，把睡梦中的我和我姐吓了一大跳。

母亲做了个奇怪的梦。

从梦中醒来后母亲出了一身汗，上衣都湿透了。出了很多汗后的她，身体也舒服多了。

最后，在我们全家的细心照顾下，母亲又恢复了以往的生龙活虎。

母亲督促我们不要因为她的病而耽误学习，她终于满血重生了。

蝴蝶效应

我没想到母亲最终还是狠心把我最心爱的小黑给卖掉了。

小黑每天晚上都狂吠不止，母亲终日提心吊胆，总害怕有人叫她去医院给昂贵的狂犬疫苗买单。

卖狗还能换点钱补贴家用，这一进一出的对比，让小黑彻底地从我的生命中消失了。

少了小黑，让我觉得暑假少了很多的乐趣。

母亲还把家里的两头猪给卖掉了，所有换来的钱都用来还外债。

债务还了一大半，重建家园的善后工作也做得差不多了，母亲整个人轻松了很多。

蘑菇种好了以后，母亲每天中午都拉着一根长长的白色水管给蘑菇浇水。她特别期望那蘑菇能快点长出来。

只要蘑菇长出来，她可以专心在家里做蘑菇生意还债，顺带照顾我们两个孩子，那是两全齐美的好事儿。

可是收获的季节还没有到来，意外又悄然降临了。

那件事发生在暑假结束前的某个晚上，我半夜起来上厕所，在我起身拉开灯的那一刹那，我听见外面的厢房里有动静，像是老鼠撞倒家具的声音。

小黑走后，家里变安静了很多，老鼠也开始猖狂了起来。

我房间灯的开关坏了，每次都要拉三下才能完成一个开关灯的动作，总能引起老鼠的注意。

我去上厕所时特意往厨房方向瞟了一眼，也没发现有什么异常。上完厕所后，便又睡下了。

第二天一大早，母亲跑到床头边问我："儿子，咱家的缝纫机昨晚被偷了，你昨晚有听见什么动静吗?"

我那时才反应过来，那不是老鼠的声音，而是小偷被我突然的开灯声吓得仓皇躲起来的声音。

我家的房间布局是这样的，父母的卧室在正房，我在偏房，我姐和老鼠睡在楼上，所以那个晚上只有我一个人听到家里来了小偷。

那时我还小，没想到小偷胆大到敢入室行窃的地步，所以根本没有那种防范意识。

缝纫机是我家里为数不多的几件比较值钱的东西了，火灾之后，母亲特意把它藏在偏房橱柜后面，没想到它还是被偷了。

母亲断定是熟人作案。

我家厨房和偏房之间的那道门在重建时尺寸有所偏差，这导致在关门时通常需要补上大力一脚才能锁上，开门时又会发出很大的嘎吱声。但那天晚上我们全家人连半点开门声响都没听到，小偷特意在门的转轴上浇了很多的水，所以开门时才会悄无声息，不是熟人根本不知道这一点。

也是那些水留下了小偷们的脚印。

母亲对犯罪现场勘查了一番后，大致推演出了小偷入室行窃的整个过程。

小偷是团伙作案，至少有两个人，他们是从厨房进来的。

我家翻修时，父亲为了节省成本，并没有对厨房下功夫。整个厨房的四面墙壁只是用一些长短不一的废木板绑定而成。小偷通过墙壁上的缝隙撬开了偏门，进入了厨房。

他们用类似于锥子一样的尖东西通过门细缝一点一点地将侧门锁打开。知道侧门在打开时会有动静，他们从水缸里舀了几瓢冷水浇在转轴上面。开了侧门后，他们合力将缝纫机抬走了。

侧门门栏上面有很多的小针眼，厨房地面有积水和脚印，这些都是证据。我半夜起来上厕所只是一个意外。

有一点令母亲很是不解，我家厨房的菜刀被小偷拿到堂屋就放在乒乓球台上，小偷这一举动的目的是什么？

母亲觉得比较合理的解释是如果她也半夜起来上厕所或是听到有异样动静而起来查看的话，那么这刀可能就是用来对付她的。这一点让她觉得很可怕。

母亲顺着脚印一路追查，但泥鞋印出了我家偏门后就变得模糊不清，再汇入主路后，就彻底没了踪影。

母亲并没有放弃，她沿着鞋印的方向一直寻找其他的蛛丝马迹。终于，她在佐平家前的那片稻田上又发现了那两个脚印。

不仅如此，她还发现了缝纫机的四只脚插入泥巴的深印。应该是那些小偷中途抬累了，在那里停留了片刻。

母亲有怀疑的对象，但被怀疑的那家人那儿又没有找到缝纫机和对应的鞋子，最后也只能不了了之。

有两点母亲可以肯定，第一点是我家的缝纫机是在火灾发生时被盯上的，因为当时缝纫机被抬了出来，财物外露；第二点是小偷迟迟没有下手是因为小黑的存在。可能小黑每晚的吠叫是在提醒我们注意，但我们并没有在意。

那场火灾在初始条件下只引发了我们无家可归，但在后续却产生了一系列的连锁反应，爷爷去世，债台高筑，母亲病倒，缝纫机被偷，产生了很明显的蝴蝶效应。

而后续的事情远远出乎我们全家所有人的意料。

为了买新的缝纫机，母亲在向父亲要钱时，发现了一个惊天秘密。

那个秘密藏在父亲的钱包里，是一张陌生女人的照片。

母亲当时的气愤可想而知，她为这个家累得小命都快没了，但父亲却有婚外情。

这件事是我人生中的一个转折点，也是点燃我家内战的导火线，

它将我家引向了一个万劫不复的深渊。

意外收获

母亲担心父亲背着她再在外面做出格的事情，她也跟着父亲去了市里，在把我送去学校和把牛赶回嘎婆家之后。我的走读生涯提前一年结束了。

在堂朗乡中心完小，没有一个孩子是在四年级时就住校的。按照学校的规定只有五、六年级的走读生才必须住校，所以我又创下了一个从未有过的先例。

五、六年级住校的规定最早是为升学考试而设立的，但在1986年国家推行了九年制义务教育后，这条规定就失去了原本的意义。不过它仍作为学校的文化遗留了下来。

我们班主任开始是不同意我住校的，但母亲的口才早已今非昔比，她靠自己的三寸不烂之舌给老师做足了思想功课，于是我成了最早的住校生。

四年级后开始分班，我被分到了四甲班。

我们班的教学楼是一座三厢两层的独立小木屋，它位于主教学楼和教师宿舍中间，左侧是人行桥，右侧是学校的后门。

这栋教学楼非常特殊，它的第二层有一厢是教室，另外两厢是住宿生的宿舍，所以它既是教学楼也是宿舍楼。我白天在那栋教学楼上课，晚上在那栋教学楼睡觉。

可能是学校经费有限的原因，我们教室和宿舍之间并没有完全隔开，只是在中间横七竖八地钉了些木板。

这种独特的格局造就了教室和宿舍之间超强的耦合性。

同学们从教室里完全可以看得到宿舍里那些叠得乱七八糟的被子，甚至能闻得到臭袜子的味道。

当然，如果有高年级的同学请病假在宿舍里养病的话，是可以免费重修我们四年级的课程的。

就我个人而言，我还是比较喜欢那种格局的，因为我可以通过那些小孔在教室和宿舍之间来回穿梭，上下课很方便。

学校住宿的条件特别简陋，宿舍并没有独立的床，而是用许多木板铺成一大块床。

五、六两个年级一百多个住校生全挤在里面，特别拥挤。宿舍特别凌乱，感觉就跟牢房一样，还能看到老鼠的身影。

每个人分到的床位很小，基本上也就是一米宽的样子。

大家只好将被子对半折，一半用来垫，另一半用来盖。

有一个比较有趣的现象是如果晚上有人踢被子的话，是有可能找错被子的，这时可能就会有拼抢被子的现象发生。

我在睡梦中抢过别人的被子，也被别人抢过。不过相邻的室友基本上都是同村的熟人，所以也没有太多枪林弹雨的事儿发生。

那些半夜梦游睡到别人被子的同学就比较惨，会被整个宿舍的人取笑很久。

在我最开始住校的那一年，令我最头痛最难于启齿的事情是尿床。当时我才八岁，身上的肌肉组织可能还未完全发育成熟。

夏天尿床还好，冬天尿床处理起来比较麻烦，我会视情况而定。

如果被子只有巴掌大的尿域，我会假装什么事情都没发生。第二天把被子整整齐齐地叠在那里放置一天，等晚上睡觉时，如果被子还没干就用身体的热量把被子捂干。

如果被子的尿域已经达到了一种无法侧身入睡的地步，那么就趁别人还没起床时，偷偷抱着被子去教师楼的天台晒一天。

如果是下雪天，被子没办法晒，那就只能选择裸睡。

千万不能把被子反过来睡，这个动作意味着你向所有人宣告自己尿床了。

我母亲很有先见之明，她给我选的被单是黑色的，就算有尿液的印记也看不清楚。

大冬天，内衣内裤被尿湿比较好处理，可以跑去食堂借着天冷烤火的名义把它烘干。

其实不止我一个人尿床，很多高年级的同学也会尿床。我记得五年级有个叫石桥平的同学，曾一度被大家封为"尿王之王"。

你走过他的床边都能闻到一股浓浓的尿臊味，而他从来也没有隔一段时间换一套被套的意识。

我四年级的住校生活很枯燥乏味。

放学后同学们都回家了，我没有什么玩伴。在一个不属于自己的村子生活，我能打发时间的方式着实有限。

我不太敢出学校的大门。大培时不时在马路边上转悠，还乱喊乱叫很吓人。马路上还有一些对小孩子穷追不舍的恶犬，比大培还吓人。很多时候我只能一个人在校园里晃荡。

就算鼓足勇气出了学校的大门，我也只是在学校门前的杂货店看看别人打牌，或是去学校对面那条河玩打石头水上漂。

我连一个人下河洗澡的勇气都没有，总担心自己会像那石块一样，在水面挣扎几下后就沉入河底。其实洗澡才是我去河边的最初目的，而不是玩打石头水上漂。

到了晚上会更加无聊。高年级的同学都上晚自习去了，我感觉整个校园就剩下自己一个人了。

我只能回宿舍睡觉。

可是长夜漫漫，我又不想睡得太早，于是我通过板孔穿到我们教室看书写作业打发时间。

那种借着昏暗灯光看书的场景，让我想起了匡衡凿壁偷光的故事。

那种无聊的校园生活以星期为单位，一直重复了整整六个月之久。一个学期后，我破天荒考了我们班第一名。一年之后，我考了全年级第一名。就这样，我带着一股浓浓的尿臊味达到了人生的第一次巅峰。

读书是一个熟能生巧的过程，就像爱迪生所说的那样：天才是百分之一的天赋加百分之九十九的汗水。那是我的学习心得。

我现在再去剖析当年的那个心理状态，我当时已经有了知识改变命运的思想觉悟了吗？

答案是绝对没有。

没有良好的引导，学习对于孩子来说，只会是一件枯燥乏味的事儿，爱玩才是他们骨子里该有的天性。但是环境所迫，我只能去学习，所以那是个意外收获。

我对四年级住校的记忆非常的单一，还有一个特殊的记忆片段是音乐培训。

为了打发那种无聊的校园时光，在四年级下学期时，我报名参加了学校里的音乐团。

我学的乐器跟家里的吹火筒极其相似——笛子。

因为没钱买笛子，老师叫我们自己去山上砍竹子，然后他给我们做成竹笛。

一开始学笛子的男同学有十多个，大家都兴趣盎然，立志要成为一名伟大的音乐家。

但当所有人都能吹响笛子时，我们的乐队只剩下八人。

当我们开始学习简谱时，乐队只剩下五人。

当我们合奏老师教的第一首歌——《妈妈的吻》时，乐队仅剩下两人。

老师很自豪地对我们官宣说："你们两个人就是树叶上仅剩下的最顶尖的那两片叶子。"

我对于后来代表学校去葫芦镇参加音乐表演没什么印象了，不过，《妈妈的吻》这首歌的旋律已刻在我的脑海。

致命蕨菜

四年级的经历是我最早的住校经历，也是我在那所小学长达三年的住校生活的一个缩影。

住校的生活很艰苦。我和我姐住校时，每个星期的生活费只有两元，即平均一天四毛钱。我在上体育课时都不敢打篮球，总担心运动量过大，钱不够买饭吃。

那也是我在住校时不太敢走出学校大门的另一个原因，因为只要经过学校门前的杂货店，我总能感觉到店里那些令人垂涎三尺的辣条在盯着我口袋里的钱。

为了改善住校的伙食，我和我姐经常做的一件事是利用周末时间去野外采摘蕨菜，在春天来临时。我们校门口旁边那个杂货店的老板娘收购蕨菜，五毛钱一斤。

我姐找蕨菜很拼命，是名副其实的拼命三郎。

开始，我一直没有找到我姐那么拼命找蕨菜的原因，后来我找到了。在杂货店老板娘的记账簿里找到的。

那是一个巧合，我在翻阅杂货店老板娘的记账簿时拿反了。

当时我蒙圈了，我从来没有到小店赊过账，但记账簿的最后一页上居然出现了我的名字。而且那一个长长的欠账清单估计我要卖血才能还得清。

当时，我脑海里闪过的第一个念头是我姐盗用我的名字在杂货店那里赊账。

这里必须要穿插我和我姐名字的故事才能更好地理解上下文。

从小到大，我和我姐都特别嫌弃自己的名字，尤其是我。

给孩子取名字要按辈分来，这是祖上流传下来的规矩。

我们村龙氏的家谱是：国、正、天、兴、顺、光、清、明、自／治、安、启、贤、夫、贺、少、子、孝、富、心、宽。

我父亲是"明"字辈，所以我应该是"自／治"字辈才对，但我和我姐的名字连个"自"或"治"字都没有。

我很嫌弃"晓"和"勤"这两个字，它们的笔画特别多，特别难记难写，但是它们却组成了我的名字——龙晓勤。

分不清辈分，难记又难写，这是我嫌弃自己名字的第一层原因。

第二层原因是它听起来很像女生的名字。

不是我蓄意抬高女权主义，但在我所经历的整个短暂的人生当中，但凡取名为"晓勤"的，包括所有的同音字，像小琴、晓琴、小芹、小情、晓情等，全是女性，无一例外。

就我名字的事儿，我问过母亲很多回，就像很多人问我的那样。

母亲给我的解释是"晓勤"二字是破晓而勤的意思。

母亲很中意这个名字，她希望我从小做一个勤奋的人，就像她那样。她不知道她的期望无形中带给了我很多的困扰。

我并不是家里唯一一个受名字困扰的人，我姐也一样。很多人都认为龙晓波是一个男生的名字，但母亲却很不以为然。

我很怀疑当年母亲在给我们姐弟俩取名字时压根就没有考虑性别这一因素。

母亲为她取的名字而自豪，我和我姐却在彼此的名字上寻找心理平衡。

所以当我在杂货店记账簿上发现自己的名字时，我第一个想到的是我姐。

我姐小时候是一个极其聪明又古灵精怪的孩子，很多事情都可以证明这一点。

在我一连串的灵魂追问下，我姐仍矢口否认，抵赖狡辩。那张跟我长得有几分相似的小小花脸上写满了倔强的字样。

和我姐交锋，我很少能赢。

最后，我使出了撒手锏——我威胁她说要去杂货店找老板娘当面对质，如果她赊账属实，我还要去父亲面前参她一本。

最后，我姐如实招供了。我姐承认她从住校开始就在杂货店那里赊账，因为害怕被别人发现和回家挨鞭子，所以她一直在盗用我的名字。

我从赊账的清单中了解了我姐的住校生活，那叫一个奢侈。方便面、辣条，还有魔芋豆腐，杂货店的所有零食她基本上都尝过。

我并没过上那种奢侈的生活，但父亲要是看到以我的名义挂起的长长的赊账清单，家里的竹鞭子肯定能打得断。

我姐是个找蕨菜的小能手，那是她敢赊账的原因。

她每次出门，都能摘到满满一背篓的蕨菜，能卖十多块钱。十多块钱可以让我姐还清每个星期欠下的债，还有剩余。

有了我姐这个榜样后，很快她的名字也出现在老板娘的记账簿上，我也过上了靠卖蕨菜还债的住校生活。

我从小到大都不喜欢和我姐一起找蕨菜，因为我眼神没她犀利，手脚也没她麻利。我们有两岁的年龄差，我根本竞争不过她。

我们对蕨菜归属权的判断规则很简单：谁先看到蕨菜并宣示归属权，那么蕨菜就归谁所有。

所以在我和我姐一起外出采摘蕨菜时，我经常会听到她那刺耳的声音在喊：

"这里有一簇蕨菜，它是我的！"

"那里有一簇蕨菜，它也是我的！"

而我就是那只沉默的羔羊。

等我看到蕨菜头上的白色卷毛时，我姐基本上已经宣示完主权了，我在后面只有捡漏儿的份。

我姐有时见我可怜，会送我一两簇蕨菜，那说话的语气和看我的眼神怎么看都像在施舍一个乞丐。

"来，弟，这一簇是我送给你的！"

也就是那一次经历后，我再也没有和我姐一起去采过蕨菜。

有一段时间，我一直在思索为什么我姐能一天采那么多的蕨菜，她成功的秘诀到底是什么？

后来，经过反复摸索，我终于也找到了窍门——蕨菜是一种喜阴植物，所以只要往山的南北两面搜寻，那么结果一定不会失望。

有一段时间，我一直靠辨别太阳东升西落的方向来辨别山的南北面。但有一次天空乌云密布，山上的雾太大，我被困在武陵山脉的某座大山里，彻底迷了路。

那是我从小到大最特殊的一次摘蕨菜经历。

我和我姐经常会比谁摘的蕨菜多。我的好胜心很强，为了打败她，有时我会越走越远，翻过一座又一座的山峰，甚至走到了平时务农和放牛都不曾来过的地方，尤其是在村附近的山头被别人踏空后。迷路的事情就是这样发生的。

那天天很阴沉，没有太阳我就没有了方向感，我被困在山里。

大湘西的春天其实很美丽，桃花和梧桐花盛开，漫山遍野，但这些美景我都看不到。

眼前的雾很大，白茫茫一片，能见度极低。我好像被蒙住了眼睛一样一直在山里瞎转，死活都走不出去。

那座山很大，我估计至少有七八个面，但就是找不到下山的路。

不知道过了多久，我转着转着突然来到一个山洞口前。当时我害怕极了，好像有什么东西故意将我引向那里。

那个洞的洞口很大，被树枝和芒草遮挡了一大半，里面黑漆漆的一片。它像一只魔鬼之眼一样一直在注视着我。

我不知道洞里会有什么，我只知道那种身陷绝境，由未知带来的恐惧让我汗毛倒竖，毛骨悚然。

我想逃离现场，我恳求山神给我指明方向。于是我伸开左手掌，然后在掌上吐一口口水，再用右手的食指用力往口水上一拍，终于山神给我指明了方向。

我们小时候经常使用口水辨位之术来辨识方向。这种迷信的办法有时候准得离谱，有时候就单纯离谱。

那次它差点要了我的小命，山神给我指示的是一条最凶险的路。

我下山的那个面很陡峭，灌木丛生。我一路披荆斩棘，刮伤刺伤无数次才勉强开出一条血路来。

刚离开那个洞口没多远，小路旁边出现一个小山丘。迷雾遮眼，当我确定那不是土堆而是一个超级大的坟墓时，我汗毛倒立，直呼娘亲。

我不敢多看坟墓一眼，撒腿就跑，直到感觉把它甩得远远的，才松了一口气。

最糟糕的是我下山时下起了毛毛雨。雨点虽不大，但却刚好能把路面打湿。一路上，我总时不时地在溜滑。

我没有意识到在半山腰会有猎人设置的致命陷阱，当我发现它时，溜滑的脚早已踏空。

当时情况很危险，眼看就要掉落陷阱了。我在千钧一发之际抓住了身边一根树枝。

那个陷阱是垂直向下的，有七八米深。我能想象到一个孩子在荒山野岭里掉落到一个深陷阱会是什么样一个结果——叫天天不应，叫地地不灵，命丧于此。

我背篓的蕨菜全撒了出来，很大一部分掉落到陷阱里去了。

我只能设法将那些够得着的蕨菜重新拾起来，其他的也只能作罢。

开始我以为那是个陷阱，细看之后才发现不是，它的底部并没有放能置动物于死地的致命器具。

我在靠近山脚时还发现有很多个类似的"陷阱"，那时我才反应过来，那些"陷阱"其实是大培挖宝藏的山洞。

我所在的大山叫土匪山。那个黑漆漆的恐怖山洞是之前土匪住的山洞。那些"陷阱"都是大培的杰作，大培为了淘金把整个土匪山给挖了个稀巴烂。

我在学校时经常看见大培，也时常听见大岩村的同学们谈论起他挖宝藏的事儿，但没想到那一天我差点成了他的祭品。

大培挖的盗洞很壮观，从土匪山的山脚下到半山腰的土匪洞，各个面都有。每个洞的四面还很整齐。最大的洞宽近四五米，深足足有二十多米，跟一个小型的火车山洞差不多。我感觉疯子和天才有时只是一线之遥。

我觉得不可思议的一件事情是大培挖了一辈子的山洞，没有任何安全措施，居然没有发生山洞坍塌将他掩埋致死。

隔道的怪物

五、六年级是我正常住校的两年，那两年我家家庭矛盾很突出。

在我上五年级的时候，我家就像一个危机四伏的战场，动不动就是一场面红耳赤的骂战，只要我和我姐周末回家基本上就能碰得到。

我印象比较深的一次是因为一把锄头。

那一次是我们全家外出去天堂坡种玉米。早上是母亲带着我们先出的门。因为背篓过重，体力有限，还要放牛，母亲出门时只带了自己的锄头。

父亲没有问，母亲也没有说，一场因为缺乏沟通而引发的家庭口水仗在我家天堂坡上的旱田上展开，轰轰烈烈。

这可把林间那些麻雀们乐坏了。

那群麻雀好像发现这世界上还有另一种生物也能像它们一样，在野外的田地里一直叽叽喳喳吵一个上午，连玉米也没种成。

我父母的争吵是他们人生观、价值观和世界观不一致引起的，但迷信又让这两个异类人走到了一起。

他们曾经很相爱，但三观的分歧在两人长年累月的朝夕相处中，形成了一种恶性循环和厌恨堆积迭代效应。他们越来越喜欢那种分辨谁对谁错的骂战游戏。

那是一个伸手不见五指的夜里，我打着手电筒刚从学校玩耍回来。还没走到家门口，远远便听见父母卧室里传来的吵架声。那阵阵怒吼声和哭泣声划破了夏夜的宁静。

我没有想到我父亲会在家，因为农忙之后他又去市里务工了。

他们吵得特别凶，我想知道发生了什么事儿，于是去偷听。

在我家和邻居家之间有条隔道刚好可以抵达我父母的卧室。

那条小隔道夹在两所大房子中间，原本就很窄，再加上两家人在两边都堆满了柴堆，晚上显得有点深邃阴森。

我打着手电筒沿着那条黑暗的小隔道走了进去，每一步都小心翼翼。我倒并不是担心有妖魔鬼怪，主要是担心有毒蛇。

我母亲曾在那里打死过一条手腕般粗大的五步蛇，所以穿着凉鞋时要格外小心。

我用手电筒来回照着每一寸脚要踩踏的地面，包括石缝里和柴堆下，以确保没有毒蛇会给我意外惊喜。

我一直小心翼翼地往前走，大气都不敢喘一声，总担心稍有异动便会引起父母的察觉。

就在我快要靠近父母卧室时，突然，在伸手不见五指的夜里，柴堆前的一双皮鞋在我手电筒移动过的视野里一闪而过。

当时把我吓得差点没失声叫出来。

我以为那是自己扫视速度太快而产生的幻觉，于是，又将手电筒打了回去。

那真是一双皮鞋，它在手电筒的照射下还反射出微弱的白光。

我将手电筒顺着柴堆往上面挪去，首先出现在我面前的是两根直直的黑色柱子，然后是一副整齐的雪白牙齿悬浮在半空中，最后是一双桐油色的眼珠子一直在死死地盯着我的一举一动。

我好像看到了一个怪物，那一刻，我的恐惧是歇斯底里的。

"啊！"我撕心裂肺地吼了一声。

"嘘，是我！"黑暗的柴堆里凌空伸出一只手，以迅雷不及掩耳之势捂住了我的嘴巴。

我怎么都想不到，除了我之外，居然还有人在偷听我父母吵架。

那个人是我们村里的一个年轻小伙子。那天他穿着西装和皮鞋，刚从外面"扛木头"回来。

在路过我家门前时，他听到我父母亲在卧室里吵架，于是比我先一步来到了那个小巷子里偷听。

是的，我父母的吵架愈演愈烈，最后到达了一种村民都来看笑话的地步。

我觉得偷听别人吵架是很不礼貌的行为，而且他还把我吓了一大跳，所以不管那人如何苦苦哀求，我还是把他供了出来。

我父母的吵架声终于因为我的尖叫声而停了下来，他们都走出了家门。

那人的态度还算不错，又特意进门向我父母赔礼道歉，所以我父母也没有过分追究。

那晚发生了什么事儿我是很久之后才知道的。

两原则交际理论

一直以来，我总有这样的疑问，婚姻到底要如何经营才能到达两个人之间的天长地久？人与人之间到底要如何相处才能跨越种族与偏见？交际与认知应该如何被理解才能用来指导实践？这些问题困惑了我几十年，我始终没有找到答案。

我需要的并不是教条主义和经验主义，它们的局限性太过明显，我想要的是一套经得起时间检验和哲学辩论的系统理论。

我往这方面努力了很久，终于大量的时间投入和资料的堆积让我有了一套属于自己的一般性交际理论，我把它叫两原则交际理论。

我觉得人们的文明交际应该服从两个原则——最佳原则和最大化原则。

所谓的最佳原则是指交际双方能达到的最佳认知共性，所谓的最大化原则是指交际双方能付出的最大心力。

人们的文明交际被视为交际双方以最大化的原则往最佳原则靠拢的过程。

在这个靠拢的过程中，认知共性越容易建立，付出的心力越小，交际行为就越容易达成。反之，交际行为则越难达成。无论在何种情况下，交际双方都须遵从最大化和最佳原则，否则，交际必然会失败。

当我再用自己的理论去研究我父母在家庭中的相处模式时，我很容易看清楚他们相处模式的问题所在。

我父母的相处模式中最大的问题来自父亲。

父亲最大的问题点是他的所有交际都是以自我为中心的，这就是他们相处模式的问题所在——一开始父亲就把交际最佳原则的那条标准线给摆偏了。

当最佳原则线摆偏了之后，别人再想按最大化原则进行靠拢时，很难达到最佳的状态，于是交际就出现了各种各样的问题。

还有一个最致命的问题是父亲是一个很执拗的人。只要他认定的事情，世界上没有任何一种力量能改变他，所以父亲的最佳原则线还具有不可更改性。这一点非常致命。

我举个例子能很好地说明。

有一次，我在家里炒了一个茄子炒蛋，被父亲劈头盖脸地说了一通。父亲的关注点并不是我在炒这道菜上面有多用心，付出了多少努力。他的关注点是他活了一辈子从来没有吃过茄子炒蛋这道菜，他觉得这道菜就是一个笑话。这个笑话他讲了一辈子。

茄子炒蛋其实并不是那么罕见，但父亲从来没有见过，更加没吃过，所以他从心里排斥这道菜。

我以最大化的原则尝试着和他沟通。我跟他说这道菜其实也是家常小菜中的一种，并不会食物中毒，而且味道还不错，我建议他试着尝一下。

父亲持拒绝的态度，他宁愿饿死。

如果我想达到叫父亲尝菜的这个目的，按照他设置的最佳原则，我能做出的最大努力是放弃。

父亲就是那样的人，他并不能以一种开放的心态对待身边的人和事，也不明白禁锢思想的可怕之处。

在那个遍地都是文盲的时代，父亲俨然算得上新中国成立初期的一个知识分子。他念过高中，只是没有考取大学而已。

我不知道父亲对于知识是如何理解的，但好像知识一经过他大脑后就固化了，根本无法变通。

父亲在高中毕业后，也曾加入中国共产党，在乡政府待过，有一份很体面的工作。

但别人工作时带的是公文包，我大伯说父亲上班时背的是吉他。后来他被乡政府辞退了，只能回家种田。

父亲对于这个世界的理解有着自己的认知体系。他是个独裁者，我们全家人都需要在他的规则下活着。那种权威不容置疑，也无法更改，会强加给我们。

当父亲的想法正确时，我和我姐都能感觉自己能从父亲的教育中受益，我们甚至能感受到他的个人魅力所在。

但当父亲的想法不正确时，我们也能感觉到他和规则的可恨之处。

事隔多年，当我再听母亲讲起她当年和父亲吵架的那些事儿时，我甚至都觉得很幼稚很荒唐，我都不敢相信那是一个知识分子做出来的事。

有一天晚上，母亲躺在床上辗转反侧，久不能寐。

突然，母亲听到有小偷入室行窃的脚步声。声音是从我家楼上传来的，虽然脚步轻盈，但清晰可辨。

这把母亲吓得着实不轻。有了一次被入室盗窃的经历后，母亲是杯弓蛇影。她想起了曾经小偷把菜刀放到堂屋准备威胁她的一幕。

母亲躺在床上聆听楼上的动静。那贼人轻手轻脚地从楼上下来后，居然径直朝着她卧室的方向而去，这可把母亲吓得心都要跳出体外了。

母亲立马起了床，从衣柜下面取出了那把备用的斧头，然后躲在房间门口处。她准备和那贼人殊死一搏。

乡下的夜很静，静得能听得见自己的心跳声。

两个人中间只隔着一道门，母亲屏住呼吸，替那贼人开好了门。

房门慢慢被打开，先是一个手电筒的光照射进来，然后再是一只脚跨进门槛。

母亲瞅准时机，一斧头砍了上去。

"你疯了！是我！"那人发了疯似的吼了一声，他差一点就成了母亲斧下的亡魂。

母亲终于听出了那是父亲的声音。

据母亲说在我和我姐住校的那段时间，父亲有时会偷偷从市里回家试探她，试探她是否也曾像自己一样做过对婚姻不忠的事情。

父亲有时会三更半夜地敲我家的窗户；有时会朝我家的后园扔些小石子；有时还会学其他男人说话的声音。无数个夜晚，母亲都在胆战心惊、惴惴不安中度过。

那一次是我母亲在三头家打牌，一直打到半夜才回家。父亲见母亲迟迟没回家，于是就一直躲在楼上监视着母亲的一举一动。

其实，母亲也考虑过进门的人是父亲，但她受够了那种无止境的试探和没日没夜的担惊受怕，所以干脆来了个将错就错。

要不是考虑到还有两个孩子，母亲下手可能会更准一些，她在挥舞斧子的那一刻做着激烈的思想斗争。

因为这个事情，他们在卧室里吵得很凶，还动起手来。村里有个青年人刚好从外面相亲回来听见了，于是上去偷听，然后是我上去偷听。

我父母在长期的争吵中形成一种迭代效应，这种效应让他们的矛盾不断地去引发新的矛盾，像滚雪球一样。但他们俩又都找不到化解矛盾的完美解决方案，最后迭代变成了死循环。

死循环是可悲的，时间只会增加彼此的厌倦，把所有的会话都变成一种精神折磨，但却又找不到逃离的出口。最后，家变成了深渊。

那时我才九岁，我无法跨越年龄和性别去体会母亲当时那种生无所恋的失望心态和对于婚姻绝望的心理，但母亲用她的实际行动告诉了我。

离家出走

　　我和我姐人生中第一次没有收到嘎公嘎婆的压岁钱是在我上五年级时，那年过年母亲省亲并没有带上我们两个孩子，从小到大那是第一次。

　　我满地打滚地跟母亲闹了很久，但她仍坚持独自前行，最后我只能作罢。

　　母亲出门时带了很多糍粑，比往年任何一年都多。但没有人在意这些细节，我们全家人都沉浸在新年的欢乐气氛中。

　　大年初四那天，我们并没有盼到母亲回家的身影。起初我们都没在意，但过了元宵节仍不见母亲回来，我们才觉得不对劲。

　　就算嘎婆家有什么事给耽搁了，母亲也不至于那么长的时间没有一点口信。意识到这一点之后，父亲在元宵节的第二天便赶去了嘎婆家。

　　父亲在嘎婆家并没有找到母亲，原来，母亲早在大年初七那天就从嘎婆家外出打工去了。

　　母亲做梦都想从自己失败的婚姻中解脱，但她没有勇气离婚。

　　在当时的农村，离婚和背叛婚姻性质差不多，都是有违妇道的。母亲觉得自己背不起那个罪名，也不想遭到千千万万人的唾骂。

　　母亲有过轻生的念头，在每次和父亲吵架后，鸡窝上的农药都会被父亲偷偷收藏起来，她找不到。最后，她选择了在过年时从娘家离家出走。

嘎婆村里没有一个人知道我母亲究竟去了哪里，这让父亲很是头痛。

父亲始终认定嘎公嘎婆一定知道我母亲的去向，但他就是撬不开他们的嘴巴，哪怕嘴皮子都磨破了。

嘎公嘎婆对于不合格女婿的所作所为失望透顶，不愿意如实相告。双方就那样僵持着。

父亲把母亲家的所有亲戚都问了个遍，但他们所有信息的交换都不是对方想听见的，亲戚们对他都不是很待见。

一天的时间就在父亲不断串门的过程中悄然过去了，最后，他只得在嘎婆家住了一宿。

第二天吃早饭时，父亲对嘎公嘎婆说："亲家公，亲家母，我知道我可能不是你们心目中的理想女婿，但我始终也是你们两个外孙的父亲。我被别人看笑话没有关系，但想想你们的外孙吧，他们一个十一岁，另一个才九岁，他们要是没有了母亲会变成孤儿的。还有，不是我威胁你们，如果我找不回孩子他娘的话，你们的外孙都要被迫辍学，因为我一个人无力供他们上学。"

那可能是父亲想了一个晚上才想出来的台词，不过，他说到重点了。

对于膝下无子的两位白发老人来说，外孙就是他们的软肋。

嘎婆听完了我父亲的话后终于心软了，她说："二丫（母亲的乳名）去哪里我是真不知道。不过，我好像记得她是跟一个叫石新艳的初中同学一起出去的。"

父亲喜出望外，赶忙问："她那个同学家住哪里？"

"潘海村。"

终于，父亲得到了一个想要的答案。

母亲的离家出走其实也有一点偶然性。原本她并没有一个明确的逃离计划，因为在那之前她从来没有走出过大湘西。天下虽大，但母亲不知道自己能去哪里，也不知道能靠什么谋生。不过，在大年初二那天，母亲在回娘家的路上偶遇了一个常年在外打工且多年未见的初中同学，于是，她的出逃计划便有了明确性。

潘海村离我嘎婆村很近，父亲经过几番周折和打听后，最终找到了一个想要的地址。原来母亲跟着石新艳去了江苏无锡。

千里寻母

在我五年级下学期的时候我和我姐刚上学没几天，父亲突然来到学校给我请假。

考虑再三，父亲决定要把母亲寻回。但他并不认为单凭自己一人之力就能把我母亲给带回来，所以他把我也给带上了。

很多事情由不得我选择，于是乎，我暂停了学业踏上了一段千里寻母的旅程。父亲认为我是带回母亲的筹码。

那是我第一次走出大湘西，第一次走出武陵山脉，第一次坐绿皮火车，第一次去长沙，第一次见到外面的花花世界。

在那段千里寻母的旅程中，我有两个片段记忆特别深刻，第一个是晕动症。

在那之前，我从来没有坐过绿皮火车。

第一次坐火车我感觉特别不适应。一群人拥挤在一个狭小封闭的空间里，不能开窗，车厢里面很闷。我总感觉自己吸进肺里的不是氧气，而是别人嘴里呼出的带有温度的二氧化碳。我呼吸的时间越久感觉车厢里的氧气就越稀薄。

车厢里还时不时飘过阵阵烟味和泡面酸味，这两种难闻的味道掺杂在空气中，把原本就所剩无几的氧气给浸染成了一种难于描述的怪味。要不是父亲开了一条窗细缝，我想我铁定能吐满满一地。

火车在行驶过程中虽然整体感觉比较平稳，但仍有很明显的晃动和抖动，这种体验我从小到大从未经历过。

在我那个年龄的理解里，一个物体要么处于静止状态，要么处于运动状态，两者只能居其一。但火车给我的感觉是处于静止的同时又在运动。这种矛盾的动感在长达六七个小时的不断重复后，在我脑海里形成了一种残留记忆，我在下火车时感觉整个大地都在晃动。

我一脚轻一脚重，没走两步，人便像个醉鬼一样一头栽倒了。

我的身体根本不受神经控制，栽倒的方向不是地面而是铁轨。

那铁轨离地面有两米左右的高度，一头栽倒下去轻则刮擦脱皮，重则头破血流，甚至断脖猝死。

父亲眼疾手快，在最关键的时刻把我拽住了。

我在火车上都没吐，但下了车后，便狂吐不止。

晕动症是那般终生难忘。

反反复复吐了几次后，我的脸色发青，整个人虚脱了下来，最后连路都走不动了。

第二个片段我把它叫作文明的洗礼。

我们原本只是在长沙转车，但因为我的身体不适，父亲只能暂时先背着我出车站买药。

那是我第一次来到长沙，第一次见到所谓的大城市和花花世界。

我在吉首火车站旁边见过最高的楼房是吉首二小旁边的中国农业银行大楼，它有十多层，那是吉首火车站那一片区域最高的楼房了。

但长沙火车站外的那些高楼大厦比吉首的中国农业银行大楼要高很多。它们高耸入云，我需要有一个仰视角度才能看到它们的全貌。我甚至担心钢筋水泥不够牢固，风会将它们吹倒。那是一个十岁的农村孩子第一次去大城市的感觉。

那些高楼大厦成了我那次寻母之旅中最深的记忆，也在我幼小的心灵埋下了一颗长大后一定要去外面世界看一看的种子。要不是头晕难受，我想我对长沙会有更清楚更美好的童年记忆。

父亲背着我出了火车站后，我们一路都在寻找药店的影子。

父亲有随地吐痰的陋习，我们在经过一个花草坪时被警察叫住了。

我看到花草坪上立有一个牌子，其上有标语：公共场合，严禁随地吐痰。但是父亲没有看到。

父亲在吐痰时会发出一连串的怪声。在鼻子往嘴巴里吸痰时带着细细的鼻音；在痰汇聚到口腔后会发出很恶心的口腔声；吐痰时声音更大。我头靠在他背上听得很清楚。

警察叔叔见我们都是乡下人，而且我又病得很重，所以没有刻意刁难。他只是告诫父亲要注意文明，不要随地吐痰。

父亲被口头教育了一番，唯唯诺诺。他答应警察再也不随地吐痰，并再三立下保证。

还没有走出那个警察的视线范围，父亲就违背了他刚立下的神圣誓言。并不是父亲不注意，只是他在乡下已经养成了随地吐痰的陋习，很多动作都是无意识的。

父亲的第二次吐痰变成了一种公然挑衅，警察叔叔罚了他五块钱。

那五块钱是一个乡下人到大城市上的一堂文明课所缴的学费。从那以后，父亲再也没有随地吐过痰。

从我内心来说，我是特别想去江苏无锡把母亲寻回的，但是我的身体很不争气。

我吃了晕车药后并没有好转的迹象，整个人仍昏昏沉沉的。

我的意外生病打乱了父亲的整个寻妻计划，他犯难了。

不带我去无锡，他一个人未必有把握将母亲带回；带我去无锡又不太现实。我的身体状况很糟糕，再转一趟长达十多个小时的火车，搞不好他从无锡带回的是母亲和我的尸体。

父亲在火车站前来回踱步，一下子拿不定主意。那个警察叔叔就一直在旁边盯着他。

权衡利弊后，父亲决定还是把我送回家。我的寻母旅程进行到一半就草草结束了。

至于后来是如何回家的，我完全没有印象了。

把我送回家后，父亲也曾想到底要不要将我姐带去无锡。

但后来他没有带上我姐。他只是带了我的一张照片（见本书封面）只身一人去了江苏。我觉得很可笑，同样是孩子，我的一张照片却能抵得过我姐一个大活人。

重男轻女的观念在父亲脑海里根深蒂固。

可是单凭我的一张相片就能将母亲寻回吗？我那时是持怀疑态度的。

翘首以盼

我母亲离家出走的消息很快就在村里传开了，什么样的风言风语都有。我能很明显地感觉到在和别人擦肩而过时，别人投来的异样目光。

被母亲遗弃的故事在我身边有活生生的例子，那个孩子就住我家隔壁，他的名字叫龙自剑。

龙自剑比我小几岁，是当年玉米秆大扫荡中的小伙伴之一。他的身世很可怜，刚出生不久，他母亲便离家出走了，所以他从来没有见过自己的母亲。

龙自剑的童年很孤寂，他父亲给他买的那台电视机成了他童年的感情寄托和精神支柱。

有人说我母亲既然离家出走了是不可能再回来的，就像龙自剑母亲一样，这句话是最扎心的。

我和我姐特别害怕走上龙自剑的老路，所以特别希望父亲能把母亲寻回。

父亲走后，我们天天翘首以盼。

我特别希望某一天放学回家时能看到家里的炊烟袅袅升起，但是父亲离家已经一个星期了，奇迹没有发生。

等待似乎赋予了时间另一种滚动机制，让我觉得黑夜是那么漫长。我望着浩瀚的星空发呆。我在想，母亲到底在这个世界的哪个地方？这个世界到底能有多大？

家很安静，我躺在床上胡思乱想，不太想去上学。

父亲走后的第二个周末，我和我姐特意去村口的凉亭等待，我们觉得他们可能在那个周末回家。

但我和我姐从日出盼到日落，盼来的只是如期而至的黄昏。

夕阳西下，我问我姐："姐，你说咱妈会回来吗？"

我姐摸了一下我的头，以一种很笃定的语气对我说："弟，别担心，咱妈一定会回来的，我们可是她最爱的孩子。"

"可是都两个星期过去了，他们为什么还没有回来？"我问。

"我也不知道，"我姐说，"可能是无锡离我们很远吧。"

"能有多远？"我又问。

我姐沉默了，她不知道应该怎么去形容一个连自己都不曾到过的远方。

金灿灿的余晖洒在我姐的脸上，她就那样一直在眺望远方。

半晌后，她指了指远处的山，说："弟，你看到前面那座能连到天边的山了吗？"

我顺着我姐所指的方向望去，我不知道她具体指的是哪座山，但我知道她要表达的意思是我们目所能及的最远的那座山。

"嗯！"我点了点头。

"比那个山还远。"

我姐当时是这样给我形容远方的。

夕阳西下，风轻轻抚摸我的脸庞，像是来自一个很遥远的远方。

第二个星期过去了，我们始终没有盼到父母回来的身影。我有着这样的疑问：父母的迟迟不归是因为路途太遥远，还是母亲根本就不想回家？

父亲一去就是大半月，杳无音信。那段时间，我每天上课都在胡思乱想。

我每天都在期盼，每天都在失望。最终失望战胜了希望，我相信别人所说的那些流言蜚语，我母亲肯定是不会再回来了。

我从来没有怀疑母亲对我们的爱，我只是觉得她对家的失望可能超过了她对我们的爱。

在父亲离家的第三个周末，我和我姐刚从学校回来，刚走到龙自剑家门前，远远便看到我家厨房里有炊烟袅袅升起，那一刻我们很兴奋。

我们知道是父亲从无锡回来了，但我们不知道他是一个人回来的还是带着母亲一起回来的。

我和我姐跑进家门，发了疯似的在前院后园到处寻找母亲的身影。但我们没有看到母亲，我和我姐很是失望。

突然，一个熟悉的身影从我父母的卧室里走了出来。

我从来没有见过我姐脸上的那种兴奋劲儿，我能猜到答案，我只是不太敢相信那个答案。

母亲真的回来了，在父亲离家后的第三个星期。我和我姐所有压抑的情绪在拥抱母亲的那一刻如山洪暴发，哭成泪人。

母亲轻描淡写地跟我们说她只是出了趟远门。

我特别开心的一件事是母亲从无锡回来时给我买了一台手掌游戏机，我和我姐每天抢着玩。从小到大，我姐都是我玩乐路上最大的劲敌。

终于在我念六年级时，我姐升初中去镇上念书了。家里只剩下我一个人，游戏机成了我的专属玩物。

母亲回来之后，家里的一切总算又恢复了正常。

但好景不长，我第二次没有收到嘎婆的压岁钱仅在一年之后，次年母亲回娘家省亲又没有带上我和我姐。

历史总是惊人的相似，母亲再一次离家出走，她在家只待了一年。

那台游戏机和俄罗斯方块游戏让我觉得那一年的时间过得飞快。

母亲和父亲的矛盾始终没有从根本上得到解决，所以注定会再一次离开。单靠两个孩子去维护一段婚姻，那并不现实。

有了第一次被寻回的经验后，母亲第二次离家出走时走得悄无声息，就好像突然从人间蒸发了一样。没有人知道她去了哪里，包括我嘎公嘎婆。

那一次，我和我姐不再奢望母亲能回来，我们只希望她还活着。

那一段时间，我一直希望自己能快点长大，那样我就可以自己把母亲找回来。

慢慢的我和我姐不再那么期待过年。

父母的矛盾和家庭纠纷让我的成绩一落千丈。

上课没有精神，像一只发瘟的公鸡，这是六年级班主任在我成绩单上写的评语。

我觉得这个比喻很生动，很形象。虽寥寥数语，但那是我五、六年级那两年学习状态最真实的写照。

我仍升了初中，和成绩无关，那是九年义务教育政策的功劳。

在那个偏远的乡下，仍有一部分同学在念完小学六年级后就辍学了，我们村就有两个。无知造就的贫穷在他们身上得到了延续，这种事情也可能发生在我身上。

我是一个标准的农村孩子，有野性顽劣的特质，也有读书的潜质。我的人生可以往坏的方向走，也可以往好的方向走。但那时我并不知道自己的人生究竟会往哪个方向走，决定我未来人生走向的因素有很多，而母亲的离开让我的未来更多了一种不确定因素。

第四篇

葫芦二中

拍摄人：龙进林　时间：2005 年

上学路上那点事儿

保靖县葫芦中学位于吕洞山腹地、鼓文化之乡——保靖县葫芦镇，是湘西州建校最早的两所农村中学之一。

据《保靖县志》记载，葫芦中学始建于1956年，最早名为"葫芦完小附中班"。1960年，经州政府批准入名为"保靖县第二中学"。1969年设立高中部，1993年秋季高中部停止招生。

这所学校是我父母的母校，母亲曾在这个校园里拿过乒乓球比赛的第一名，父亲也曾在这里念过高中。它是我们镇上唯一的一所中学，自然也是我和我姐的母校。

承受走读的苦难来实现对知识的追求是农村孩子求学路上的一种常态，这种类似于苦行僧修行的就读方式在我念初中时得到极致的演绎。

葫芦镇离我们村有二十多公里，因为村里没有通车，所以这段求学之路被切分成了一段山路外加一段公路。前半段山路是我上小学时去大岩村走读的那段羊肠小道，延伸的后半段公路是从大岩村通往葫芦镇的石子公路。

因为路段的特殊性，在上学时会有多种不同的徒步方案，这里面有一个最优算法和如何取舍的问题。

第一种徒步方案叫最省时徒步。

这种方案是先徒步到大岩村公班，然后再从公班搭车去葫芦镇。这是步数最少，也是用时最短的方案，仅需要一个半小时就能抵达学校。它的缺点是有点烧钱。

两元车费对于我们学生来说是一笔不小的开支，我和我姐那时的生活费一个星期才十块钱。坐一趟车意味着去掉了我们生活费的五分之一，所以这一种最省时的徒步算法自然而然不被视为上上之选。

第二种是最省钱的徒步方案。

这种方案简单明了，全程徒步，从家里一直走到学校。

它省钱但是比较辛苦，二十多公里全程徒步大约需要走四个小时。也就是说如果是早上九点出门，那么抵达学校通常是在下午一点左右。每个孩子肩上要扛一袋沉甸甸的大米，全程徒步特别费时间和耗体力，这是它的缺点。

第三种是折中方式。

绕道从中间站——木牙村——搭车，这是一种折中的方式，既能省点钱，又能省时间。它的缺点是需要翻山越岭绕道，需要多走半个小时的山路。

这三种方案的选择并不是绝对的。考虑到金钱、体力、天气、用时、季节等诸多外界因素，存在视情况而定的临时性。

在绝大多数情况下，我们会选择第二种方案——全程徒步。金钱至上胜过体力支出是农村贫苦孩子的主流想法。

冬天坐车上学的人比其他任何季节都多，很多同学比较嫌弃在天寒地冻、潮湿阴冷的雪天长途跋涉，这时最省时的徒步方案的优先级别会大大提升。

坐车去上学是一件比较有意思却有极具风险的事情。

我们当时坐的那种车是敞篷大货车。这种车很好辨识，车身很大，车头有两排座位用来载人，后车厢上焊有几排平行并列的半圆弧铁杆用来防止货物掉落。

坐车的第一件事是抢座位。

座位很有讲究，分三六九等。

最抢手的黄金席位永远是司机台，也就是车头那两排座位。那里既有安全保障，又有座位可坐，所以特别抢手。尤其是副驾驶，谁要是抢到了副驾驶，那感觉跟抢到皇帝宝座一样。

所以这副驾驶的位置在司机还在家里吃早饭时就已经被别人预订了。

预订人会事先放一把伞或是一个背包用来标识此座位已被预订。

放背包或是花伞占座的通常是女同学，放一尼龙麻袋大米占座的百分之百是男生。

抢不到司机台的男生，会优先去抢司机台上面的车篷顶，那是男生们最喜欢的白银席位。

这位置很吃香是因为篷顶无任何遮挡物，视野开阔，坐在篷顶有一种俯视天下苍生的感觉，而且还能体验速度与激情。

最被嫌弃的座位非后车厢莫属，凡是没有抢到司机台和车顶篷的同学都会挤在那里，所以后车厢很拥挤。

几十个人身挨着身，脸贴着脸。有时候你感觉自己并不是那么爱一个人，但你仍会忍不住地想要抱紧他，甚至亲吻他，在司机突然刹车时。

有一年大冬天，我们一群人从大岩村坐车去学校上学。

因为车次少和乘客多的缘故，那一趟车严重超载。那满坑满谷，整车都是人头的既视感就好像一个背篓里插着满满当当的竹笋。

大地能感觉到那份沉甸甸的重量，因为轮胎将公路上的残雪压入地泥并留下深深的防滑铁链的印记，入土三分。

但即便如此，只要中途有同学向司机招手，就算车里没有一点空间，司机仍然会说："有位置，大把位置，快上车！"

司机对于超载现象持可敬感人的冒险态度，这个不分季节。你可以理解为他们艺高人胆大，也可以理解为在物资匮乏的年代，他们视金钱比生命更为重要。

那些中途上车的同学，不，应该把他们称为不怕死的求学勇士，他们就那样双手一直吊在后车厢的冰冷铁架上，像挂腊肉一样一甩一甩地坐去学校。

从大岩村乡政府通往葫芦镇的那段公路很有特色，概括起来三个字：窄、皱、险。

窄是因为公路是傍山而行，凿山而开，地势原本就有限，而且有时山体滑坡会削减公路的宽度，很多路段仅能供一辆大卡车行驶。

皱是那段平面山路呈现坑坑洼洼三维立体感的形象描述。产生这一现象的原因是石子公路在常年雨水冲刷和车轮碾轧下形成了很多高低不平的凹槽。

险是指公路所在的环境险。具体表现为转弯急、坡陡，有些路段在背离山的那一面是悬崖峭壁。

这一段公路是死神经常光顾的地方。

我们的车开得很慢。慢得像一只蜗牛一样，在公路上吃力地蠕动着。

车每到一个弯处，司机都要按很长的喇叭。那回声伴着车屁股后的黑色浓烟，在众山谷之间回荡很久才慢慢淡去。

在快到葫芦镇时，在广创村下面有一个弯转得很急。

那个弯是整个求学路段最危险的弯道口之一，不仅转角大，坡斜度高，而且它背山一侧是高达几百米且没有一点安全措施的悬崖峭壁。那里翻过很多车，死过很多人。

超载是行车的大忌，但凡超过了机动车设定的参数上限，那么它的很多功能是不在测试和承受的范围之内的，而雪天会将这种风险系数拉高好几个档次。

我们的车来到拐弯处时，因为下行的惯性太大，路面又太光滑，车突然失控打滑了，措手不及的那种。

防滑铁链也有打滑的时候，司机可能做噩梦都没想到。

起初，我并没有意识到刹车失灵的事儿。我坐在顶篷就那样看着车一直往悬崖方向冲，就是不见减速，然后我慌了。

我有过跳车的念头，这是坐顶篷的方便之处。

但从悬崖边上做自由落体运动，别说生还了，光是掉落到谷底的那条小河可能就要一天一夜，所以我又不太敢付诸实际行动。不过，我仍有那种打算。

司机肯定也很慌。要是从那里翻车，别说人肉之躯，就算是铁皮车都会尸骨无存。

我意识到刹车失灵是在司机猛打方向盘，将车撞向另一面坡体时。我差点就被突如其来的急转弯给甩飞出去。

最后，车逼停在靠山的水沟里，所有人都被吓坏了。

我感觉自己在悬崖边上画了一道完美的夺命圆弧后，又重返人间。现在想起当年那惊险的场面仍心有余悸。

最后，我们在那里下了车，然后徒步去学校。

在求学路上，还有一种潜在的非常特殊的坐车风险不可忽略。它和超载、路况无关，来自坐车人本身。

有些同学想坐车但是又不想买票，于是选择跳车逃票。

跳车是极具危险性的极限运动。我曾看到过很多同学中途跳车。当然，我也跳过一次。

我当然也知道跳车的风险，但如果是冒点险能赚取我五分之一的生活费的话，我觉得这笔买卖还算划算。其实，很多同学都是这种心态。

我的跳车行为和其他同学不一样，我是有底气的。

首先，我掌握了跳车的规律。

大家跳车都有一个共性，通常都是在转弯时进行。一是转弯时车子会有一个明显的减速过程，可以尽量降低跳车的风险；二是转弯跳车方便躲藏，可以减少被司机从后视镜发现的风险。

其次是我有强大的物理理论作为支撑，这是最重要最核心的一点。

牛顿运动定律告诉我：只要我脚着地的瞬间速度等于车行驶的速度，那么我和汽车是相对静止的，我能做任何动作而不会有任何危险，不论是跳车还是跳舞。

只要自己瞅准时机，速度拿捏得当，那么我高风险的跳车行为就是在给世人表演一场行云流水的丝滑运动，这叫学以致用，我在跳车之前是这么想的。

怎么说呢，我的表演出现了一丢丢偏差，我低估了汽车在转弯时的行驶速度，也高估了自己脚着地时的瞬间加速度。

牛顿要是看到我当时那从公路上四脚朝天，连滚带爬地翻到公路下面草丛的狼狈模样，我估计他大牙都要笑掉。

为了省那两块钱，我差点把小命交待在水池那里了。

而我右手手腕处残留的月亮疤痕成了我一生都无法磨灭的求学烙印。

在同学们和司机斗智斗勇的这条路上，司机的手段要略高一筹。他们在发现有同学中途跳车逃票后，将原来"先上车再买票"的规则改为"不买票不准上车"，从那以后，跳车现象才算真正被杜绝。

虽然司机这一举措纯属一己之私，但从某种程度上降低了同学们乘车的风险，也算是善事一件。

踩踏事件

那条石子公路有白天的一面，也有黑夜的一面，我有一段走夜路回家的奇葩经历。

每次周末回家，同学们都会早起，因为归心似箭。

这种早起的氛围原本是好事，但在非理性的内部攀比中愈演愈烈。最开始是先吃过早餐再回家，后来变成天灰蒙蒙亮就整装出发，最后直接演变成摸黑连夜回家。

那事发生在初一上学期，那天早上，凌晨四点多，我们宿舍就已经有人开始躁动了。

只要是周末，只要宿舍里有一个人开始躁动，那么整个宿舍大楼就开始疯狂起来。

不同年级、不同班级、不同楼层之间，同学相互敲门、相互串门、相互叫喊，整栋大楼一片喧嚣。

男生宿舍的躁动再带动女生宿舍躁动，喧嚣声传遍整个校园。大家都归心似箭。

同学们收拾好行李后，以村为单位开始在操场上集结。

只要队伍人马凑齐，大家便会吹响回家的号角，浩浩荡荡地往学校的铁门冲去。

学校的大铁门十有八九是关着的，这时，你能看到好似囚犯集体越狱的场景。爬铁门、翻铁门、钻铁门，什么名场面都有。

那一次是我上学以来起得最早的一次，整个天地间是黑压压的一片，只有公路上的白色石子隐约可见。

我们堂朗乡方向的队伍有近百人，但连一只手电筒都没有，大家靠点打火机或是焚烧公路两旁的干稻草一路寻找光明。

我们只敢沿着宽阔的石子公路行走，并不敢走小路或抄近道。

回程的路上要经过一个叫林岩岗的地方。这地方是很特殊的点，它是我们回程路的中间点，也是走完上坡路转向下坡路的转折点。

林岩岗位于丛林之中，山上高大茂密的杉树、苦楝树、松树、竹子让那段穿过林岩岗的盘山公路显得格外阴森。镇政府推行退耕还林后，公路两边仅有的几片旱地都不见了踪影。

在林岩岗半山腰的公路上有个弯有点吓人。

那里曾发生过一起严重车祸，大货车的司机翻车死了，他被就地埋在公路旁边的苦楝树下。

远离了山下的稻田后，已经没有干稻草火把可以举了，不过天已经开始蒙蒙亮了。

我们大部队在靠近苦楝树所在的那个弯时，队伍出奇地安静，天地间只听得见脚踩在石子上的摩擦声和同学们爬坡时的喘气声。

终于快到那个弯了，突然，走在我们前面的人群慌慌张张地掉头，猝不及防的那种。

我们村的小队走在人群中间的位置，见人潮反向流动后，我们二话不说也立马掉了头。前面发生了什么事情，我们根本不知道。

人群的密度原本没有那么高，但在宽度有限的公路里，人潮如海水般朝同一方向涌动推挤后，有人直接被推到公路下面去了，也有人被挤到内侧的水沟里去了，还有人在公路上摔倒了。

黑夜里摔倒是最危险的，后面的人很难发现。

就算后面的人能清楚地知道前面摔倒的人所在的平面坐标，但在一片慌乱中，踩踏不可避免。

我没有摔倒，只是跑慢了，凉鞋被后面的人踩断了。

我们村有个长得牛高马大但胆儿却特别小的人叫龙自云。跑得那叫一个快啊，连带菜的罐头瓶都跑丢了。

大部队反向跑了足足有一百米，在靠近山脚下的一个拐弯处才陆陆续续停下来。

人群里，有人问："前面到底发生了什么事儿？"

一个女生结结巴巴地回答说："我……我刚看到前面那个弯有一口'白色的棺材'！"

我们毕竟是一百多号人的队伍，还是有很多胆子大的同学的。于是，那些不怕死的男同学又掉头回去一探究竟。

原来，半山腰上的那口"白色棺材"是一辆白色的面包车。

我们没有看见司机，应该是车抛锚了。那车刚好停在苦楝树下，吓了我们一大跳。

经过踩踏事件之后，在众家长的强烈要求下，学校出了新规定：非特殊情况，住校生周末一律不得提早出校门。这出走夜路回家的戏才算正式落幕。

我们男生宿舍还装上了大铁门，防止有同学半夜出逃回家。

土家人的魔法屋

我们初一的教学楼在山顶上。

那栋教学楼是砖木结构的砖坯房，其墙和柱子由松木块煅烧的青砖砌成，而走廊、楼梯和防护栏却由木板筑成。

因为这种特殊的混式结构，楼下的同学能清楚地看到楼上的同学在走廊里打闹时从板缝中掉落的灰尘，在课间时分。

教室厚重的窗棂涂抹的是桐油、朱砂和石灰混合而成的涂料，经过几十年后，色泽变得暗淡。笨拙的木制扶梯经过千万个手掌的游走抚摸，变得油光锃亮，和陈旧的窗棂形成强烈的对比。整个教学楼从外面乍一看特别像战争过后遗留下来的陈旧危楼。

在我们教学楼一百多米远的围墙之外，有一间孤立的简陋木房小店，是一个叫向党的土家族人开的，我把它叫土家人的魔法屋。

这所房子很受男同学们的欢迎，很多同学把它视为学校的第六食堂。

我们学校食堂的米饭量缩水很严重，三两的粮票根本打不到二两米饭，而且老板还很喜欢通过抖手的方式来削减饭菜的分量。这一点我体会很深，特别是在打菜时，好不容易看到老板舀到一两块大肉片，我还没来得及高兴，他使劲抖两下，肉又掉到盆里去了。

初中正值青春发育期，同学们能明显感觉到自己的饭量在增加，但在学校的食堂里很多时候都吃不饱，又没有多少钱可以加餐，所以很多同学纷纷把目光投向了学校之外的供餐场所。这就是向党小店受欢迎的原因之一。

不过小店的魔法不是体现在这里，而是它那台能跨越民族，迷倒众生，令人无法抗拒的 DVD 播放器。它让这个小店变成了一个电影院。

很难找到不喜欢看电影的孩子，尤其是在那个年代，很多同学心甘情愿地把课余时间全耗在小店里。

不论是什么时候，只要不是上课时间，只要向党上映，那个小型的电影院总是座无虚席，人山人海。

店里挤不下了，有同学会变身金丝猴爬到房梁上观影。

没钱或是舍不得花钱买门票的同学就站在房外透过木板的细缝围观。这些人还不在少数，一层包裹着一层，把小店围得水泄不通。

更有甚者会站在高海拔的山顶边缘远远观望。

人群越聚越多，直到那个小木屋四周再找不到任何一个视角或空间来观看电影，后来者才会停止靠近。

那通往小店的石墙在同学们来回攀爬过程中变得油光锃亮。

这个土家人的魔法屋几乎耗光了我初一所有的课余时间。

小不点

人往高处走，水往低处流，没有太多优秀的老师愿意到我们那穷乡僻壤的小镇中学来教书。偶尔出现那么一两个出类拔萃的，学校也根本留不住他们。

我们初二的历史老师叫石阮江，这个老师可以算是我们学校最有标志性的人物之一了。

石老师最大的特点是个子矮，有"小不点"的称号，他应该 158 厘米不到。

每当同学们在谈论石老师时最先想起的总是那个笑话：他在惩罚他们班那群屡教不改、故意违反校规翻墙去向党小店看电影的男同学时特别喜欢敲打别人的脑袋。

但有些男同学长得太高，他够不着，于是他最喜欢说的一句话是："你给我先坐下！"

这个笑话叫"你给我先坐下，然后我才能敲到你的头"。

石老师很在意自己的形象，他在上课时总喜欢套西装穿皮鞋。他穿皮鞋的那种既视感就好像两只脚踩在航空母舰上一样，走起路来咔嗒咔嗒作响，每次他来给我们上课总是未见其人先闻其声。

他的五五分发型在自己眼里可能帅得一塌糊涂，但在我们同学们眼里却很土气。

不过头顶上的那条分隔线很标准，正好位于头顶正中央位置，仿佛他在照镜子梳妆时，特意用游标卡尺量过一样。

只能是游标卡尺量，一般直尺没有那样的精度。

这些特征是石老师留给我最深刻的印象。

石老师是一个比较负责任的老师，但同时他的照本宣科让历史课显得特别乏味无趣。

我觉得"二战"时期德国闪击波兰是一段非常有意思且又惊心动魄的历史故事，但在石老师的讲解下，我们班居然有同学在课堂上打呼噜。

那一次，石老师没有再表演那个身高差的体罚笑话了，他拿着课本在那个同学的头上狠狠拍了几下。

许多年之后，当我再次听到石老师的消息时，他已经不在人世。

我当时非常震惊，他才四十多岁。

听同学们说，后来石老师结婚了。

他家里人曾劝他不要娶那个中年丧夫的瘸腿寡妇，据说有个算命先生说那个寡妇是个克夫的命，但是石老师执意不听。不孝有三，无后乃大，石老师觉得错过了那个寡妇可能自己一辈子都娶不上媳妇。

上天对石老师还算眷顾，结婚后，寡妇给他生了一双儿女。但因寡妇腿脚不便，生活的重担几乎全压在他一个人身上。

石老师那点微薄的工资不足以支撑一家八口的开销，于是，他开始在老家兼职种橘子。

石老师终日劳作，常年往返于学校和家里。终于有一天，他在橘子地里除草时突发脑出血，送往医院救治无效，身亡。

当听同学们再讲起石老师的故事时，我心里像是打翻了五味瓶似的，特别不是滋味，这就是一个乡下老师短暂的一生。

叛逆的青春

每个孩子的青春期都带有一定程度的叛逆，这符合青少年心理学，我也是一样。

我初中的生活很艰辛，吃不饱是常态，尤其是在青春发育期，这种体会格外深。

父亲执掌家里的财政大权后，将生活费规定得很死，我和我姐每个星期是十块。从来没有破例的时候，雷打不动的。

如果有特殊情况，比如要买作业本、笔、校服或是缴班费之类的，我们需要走严格的申报审批流程，才能向父亲报账。

米也是一样，我和我姐每个星期是五斤，不能超过这个数。米缸里的米是父亲在每次离家前已经称好放在那里的。

父亲的那种精打细算让我很抓狂。有时候，它在刺激我的逆反心理。但我又不太敢胡乱编造要钱的借口，因为有时我父亲会在赶集或是开学时向班主任核实情况。

五斤米和十块钱的生活费根本不够我在学校开销，在不坐车的情况下，我最多能顶到周三。

没钱的日子我只能靠从家里带泡菜度日。

我奶奶很贤惠，会做很多泡菜，有泡辣椒、泡大头菜、泡酸豆角、酸鱼等。

我带得最多的是小麦酸鱼泡菜，那味道世上绝无仅有，不过它很咸。

奶奶在腌制酸鱼时，为了达到长期不变质的目的，放了很夸张的盐，所以那酸鱼咸得不得了。一小块指头般大小的酸鱼片能对付整整一大碗米饭。整个咀嚼过程我基本上体会不到鱼肉的香味，更多像是在吃盐拌米饭。

小麦酸鱼吃腻了后，我改带酸豆角泡菜。酸豆角吃一两餐尝鲜还好，连吃几天，打嗝都能闻到自己胃里呼出的酸味。而且吃多了还能明显感觉自己的身体在排斥那种酸味。

我上初二时开始进入发育期，能明显感觉自己的饭量在增加，但泡菜的营养完全跟不上，所以个儿一直就没放肆地长过。

时至今日，我对于自己的身高仍耿耿于怀。有时做梦，我还能听见自己身体里的细胞在向我忏悔，它们觉得是自己耽误了我成为迈克尔·乔丹那样的球坛风云人物。

为了能填饱肚子，我开始向食堂老板赊账。

我们学校总共有五个食堂，在上初二时我已经赊了一个遍。

渐渐地，我欠下的债务越积越多，已远超过了拆东墙补西墙的偿还力度。最后，我铤而走险，拿了我父亲抽屉里的私房钱。

那是我最叛逆的一段青春期。

纸没能把火包住，最后还是东窗事发了。

"你们谁偷了我抽屉里的一百零一块钱？"父亲在审问我和我姐时很严厉地说。

我被父亲在金钱上面表现出来的那种超强记忆力给惊讶到了。我以为他只会注意到少了一张百元大票，谁曾想到他连一个硬币都记得那么清楚。

虽然我和我姐同时被提审。但我很清楚，在父亲眼里那个作案手段高明，没有留下蛛丝马迹且有作案前科的人非我莫属。

我的心里很矛盾。如果从实招供，以父亲严厉的性格，我担心他会把我的腿打折。

但如果要我说谎，我又没底气。

老实说，我不太擅长说谎。我认为要编造一个逻辑准确，经得起推敲且毫无破绽的谎言，是一件非常困难的事儿，尤其是在精明的父亲面前。

在父亲步步逼问下，我最终选择了如实招供。

我以为那次父亲会把我打得几天下不了床，结果没有，这一点让我很意外。我体会到的一点是他不再把我当成一个小孩子了。

父亲很好奇我是如何在没有撬锁的情况下神不知鬼不觉地把他抽屉里面的钱取走的。

我把"作案"的过程向父亲交代了一遍。他卧室的门其实是可以用银行卡或是硬卡片从细缝里直接顶开的。他那个放钱的抽屉虽然上了挂锁，但连排抽屉中间是有缝隙的。只要旁边的抽屉没有上锁，手是完全可以通过那条缝隙从一个抽屉往另一个抽屉来回穿插的。

作为对我如此用心偷盗的奖励，我父亲单方面向我宣布："如果这些东西都是你在学校学的，那么从明天开始你就不用再去学校了！"

那是我整个人生中最叛逆的一段时期，为此付出的代价是被迫中途辍学。

我和我姐有很多的人生经历都很相似，我们都在初二时有过辍学的经历。

我姐不去上学是因为学习成绩不好，再加上我们家庭经济条件困难，所以她在初三秋季开学时并没有去学校报到。

我记得曾问过我姐："姐，你为什么不想念书了？好歹也把初三念完啊。"

我姐回我说："念那么多书有什么用？"

我根本搬不出什么大道理来劝说我姐去念书。我比她还小，她想不明白的问题，我更加想不明白。

在那种社会环境和学习氛围下，中途辍学就跟吃饭一样，并不是一件多么稀奇的事儿。

然而，我和我姐辍学的结果都一样。班主任千里迢迢登门造访，苦口婆心劝学，然后我们又重返学校，去完成伟大而神圣的九年义务教育。

我和我姐彻底走上两条截然不同的道路是在我升初三时，也就是 2001 年，那时，她初中毕业外出打工去了。

那个打小古灵精怪，深受村里男女老少喜爱，还因剪发一剪成名的姐姐；那个在我从晒谷子的木架子上不小心掉下来休克过去时，哭得稀里哗啦的姐姐；那个在母亲离开后，独自撑起家里大小事务，一边扮演小孩一边扮演大人的姐姐；那个从小和我相依为命，为我挡风遮雨，还任由我欺负的姐姐，从此渐渐淡出了我的生命圈。

予大于取，这是我姐用一生给我示范的数学人格魅力公式。

父亲的快餐车

学校硬件设施落后，学习氛围差，家庭贫困，孩子求学意识薄弱等一系列的因素导致了偏远农村教育超低的升学率，我也在落榜的行列。

外出打工越来越受农村年轻一代人的青睐和追捧。

这种新型的谋生方式让年轻一辈人看到了走出大山和解脱土地束缚的希望，于是，一批又一批的年轻人在辍学后便去外面大城市打工。

随着他们的过年返乡，很多新型潮流的东西又被带回农村，喇叭裤、染发、流行音乐、彩色电视、call机、游戏机、计算机等。

这种新型的东西就像八国联军的枪支弹药一样敲开了湘西封闭山区的大门，反过来刺激更年轻的一代人外出打工。

年轻人逐渐被汉化，汉服逐渐取代传统的苗服，代沟开始形成。温饱问题已然成为过去式，时代的车轮滚滚向前。

我对外面花花世界的幻想从来没有被冲淡过，再加上各种高科技电子产品的冲击，更激发了我去外面闯荡的雄心，但是我初中毕业时才十四岁，连办假身份证的条件都达不到。

如果当年母亲让我晚两年上学，我完全可以像我姐一样办一张假的身份证出去打工。但我年幼受限，处处受阻，根本没办法追随时代的潮流。

已经过了整天干坏事的年龄，我在家里很无聊。

有一天，我发现父亲的书架上有一沓旧报纸。

我闲来无事，随手翻了翻，实在提不起阅读的兴趣。

最后，我把所有的报纸都糊在自己房间的墙上，只是单纯想消磨时间。

在家实在闲不住了，我决定去吉首帮父亲做事。

时代在变迁，父亲早已经不再是三轮车夫和送煤炭工了。这两种职业逐渐被这个社会淘汰。父亲转行做了厨师。

有一句广告词我觉得有点滑稽，但它却从我父亲那里赚到了几千块钱的赞助费。那句广告词是这样说的：爱卿师从何处啊，长沙新厨烹饪学校。

冲着这句广告词，父亲去长沙学习了大半年，成为一名号称永不失业的厨师。

我初中毕业那会儿，父亲还没有开饭店，他买了一个可装卸的四轮推车做送外卖的活儿。

每天早上，父亲在出租房内事先炒好饭菜，然后再把饭菜装到推车里推到大街上溜买溜卖。什么时候小铝盒格子里的饭菜所剩无几了，他就什么时候推着推车回家。

我觉得父亲这蹩脚的创业灵感是来自他早年的推煤卖煤经验。

我在吉首的那段时间，基本上每天都是帮父亲打下手——洗菜、切菜、配菜之类的。

在我去吉首的第二个礼拜，我们被房东下了逐客令。

原因很简单，父亲每天起来太早，弄饭弄菜的声音太大，已经到达了一种扰民的地步了。邻居们向房东投诉了几次，然后房东就把我们给撵了出来。

那个房东是个五十多岁的老大爷，我们同样也打扰了他晚年的清修，所以我们被迫搬了家。

后来，父亲搬到吉首火车站的天桥后面去了。那里一年四季都有火车经过，人们对噪声早就麻木了。

我在吉首并没有什么熟人。父亲出门后，我只能一个人宅在出租房里看他手抄的菜谱和配菜日志，家里连个电视也没有，我同样也觉得很无聊。

我们村里也有一些人在吉首务工，但我跟那些大人不是很熟，也不知道他们具体住哪里，所以也没去找他们玩。

百无聊赖时我会出门去火车站附近晃荡两圈儿，但吉首的治安不是很好，暴力行窃事件频频发生，所以我又不敢长时间停留。我只能回家睡觉。

那段时间，我整个人的生活状态除了吃就是睡，在一个狭小的房间里来回切换这两种模式。这种似曾相识的惬意生活我小时候也见过，在我家猪圈里。

父亲为了节省成本，有时候会买很多的肥猪肉回来炸油。那猪油渣滓他舍不得丢掉，总是拿来炒着吃。

猪油渣滓原本吃起来索然无味，但经过我父亲用金钱堆积出来的厨艺加工后，俨然成了一道极品佳肴。

我是一个刚走出校园食堂生活的学生，在学校里我吃的是不见油盐的大锅菜和自家的泡菜。猪油渣滓对于我来说是有致命诱惑的，我一干就是两大碗饭。

一个月之后，我发现一个很诡异的现象，我的牛仔裤居然变瘦了。

牛仔裤是不可能变瘦的，它们只是在告诉我：你变胖了。

两个月后，我所有的衣服和裤子都变瘦了。

还未步入小康社会，我就已经呈现出小康社会的油腻和富态了。这社会主义步伐迈得太快，我有点恐慌了。

我担心长此以往，自己将看破红尘，但我又不想那般惊艳世人。

我想逃离那种生活，最后，我决定复读。

其实在当时，我完全可以传承父亲的衣钵成为一名白大帽厨师，但是我没有。我觉得那不是我想要的人生。

我与厨师这个职业始终产生不了那种你侬我侬、厮守一生的感情，虽然我能把父亲的那些菜谱倒背如流。

我也曾很羡慕父亲那出神入化的刀法，但我发现每当我切那么快时，一块创可贴根本没办法止住血。

所以，经过再三考虑，我决定通过重返学校的方式来逃离那种画地为牢的锅碗瓢盆生活。

学校的生活能让我瘦下来。

碳酸钙

我从来没有想过为什么要去上学，也没有人告诉我学习的目的是什么。我上学就好像去完成某种法定的仪式。

但当我经历过人生无奈的抉择后，我开始带着很明确的目的去学习。

这两个阶段有一个质的区别，就是有没有从主观上认识到读书是一个主动的过程，而非去执行某种任务。

复读之后，我开始很认真对待学习这件事情，我想通过知识去改变自己的命运。

复读那一年，我再也没有去过向党的小店，也没有踏进过网吧半步，而是每天都待在书桌前背书写作业。

有时候我起得很早，早到去教室看书还需要开灯，教务处的保安以为我是小偷会过来逮我。

早上起太早有时会犯困，眼睛睁不开时我会去食堂前面的自来水管洗冷水清醒，哪怕在大冬天亦是如此。

我几乎每天都是最后离开教室的人，晚到宿舍都已经全部关灯。我很认真地学习，破晓而勤，从不敢有任何怠慢。

越努力的人会越幸运，一个学期后，我考了全年级第一名。

更幸运的是我在复读那年遇见了一个好老师，他叫刘石灰，是我们的数学老师。

刘老师很有魅力，对教材烂熟于胸，听他讲课是一种无与伦比的享受。

他那种脱离教材，看似随意，却逻辑清晰的高水平流畅教学让我觉得自己不是在听课，而是在审视逻辑美学，我因此深深地爱上了数学。

在刘老师的鼓励和推荐下，我代表学校参加了省级奥林匹克数学竞赛，还拿了一个三等奖。

虽然我的成绩离那些真正的天之骄子还相差很远，但刘老师很欣慰，他自掏腰包买了一双很拉风的皮鞋送给我作为额外的奖励，我至今难忘。

我对刘老师印象最深的是他的性格特别好，温顺得像是一只被圈养的羔羊。他很喜欢同学们给他取的化学绰号——碳酸钙，他自嘲说石灰和碳酸钙是等价的。

我很怀念往昔那温馨的场景：我们一群学生围在刘老师家的火炉前，吃着香喷喷的腊肉火锅，听他讲述他在上中学时的故事，那段时间真的很快乐。

一年以后，我以吕洞山区第一名的成绩考上了县民中的奥赛班，我的人生开始走向了另外一条路。

要说我在初中有什么遗憾的话，当数我那萌芽于春天，盛行于夏日，但却没有在秋天开花结果的青涩爱情。

我在复读时暗恋过一个低年级的女孩子，因为胆小没敢表白。后来在念高中时，我年年都在期盼她的出现。

有些遗憾，我和她的故事仅停留在七岁那年她带我去她家吃饭的那个片段。

第五篇

保靖民中   拍摄人：彭明忠书记 时间：2021 年

故事的开始

湖南省保靖民族中学，简称"保靖民中"，坐落在素有"酉水明珠"美誉的千年古镇——迁陵镇酉水河南岸，是一所历史悠久的公立全日制完全中学。它始建于1938年，前身是"国立八中初三部"，后称"省立第八中学"。1950年3月与保靖县立中学合并为"湖南省保靖中学"。1957年由省人民政府命名为"湖南省保靖民族中学"，

这份学校简介就贴在民中大门口外的宣传栏里，我看得格外仔细。

开学那天是父亲送我上的学，那是我第一次去保靖县城。

保靖民中是我们县的重点高中，是我那时就读过的最好的学校。

民中的操场很大，就在我们男生宿舍前面。操场中央有两棵高大的樟树异常显眼，是学校独一无二的标志。

学校有浴室，有图书馆，体育设施也比较齐全。

我们高中部的教学楼是崭新的，楼外面砌的白砖很干净。我坐在里面可以专心地上课，再也不用担心教学楼随时会坍塌下来。

有一件事情是我在开学之后才发现的，那就是扩招政策。

我们高一那一届总共有一千多人，比上一届翻了整整六倍有余。连葫芦二中考取民中的人数也比上一届翻了五倍之多。

扩招将教育普及，像工厂流水线一样批量化输入输出。

在优越的奥赛班就读为我高中艰难的学习生涯奠定了一种特别挣扎的基调，不过，故事的开始还算不错。

那是初秋的一个周末，太阳懒洋洋地照在操场的大樟树上。

我闲来无事，在男生宿舍前的场子里打乒乓球。

那天风有点大，每打失误一个球都要追着它跑半天，捡球比打球更能锻炼身体。

我记得有一个球被扣飞得很远，它被风一路带着跑，最后直接滚到浴室那边沐浴去了。

在我翻墙去捡球时，一个上身穿着一件酷酷的黑色皮衣，下身搭配一件黄色休闲裤的中年男人从操场方向朝我迎面走来。

他虽然没有秃头，但头发明显是稀缺资源。透过他的大背头我可以清楚地看到他的头皮，而且发迹线很高。

他的个头和我差不多高，不过他脚下的那双旧皮鞋占一半的功劳。

他的五官跟我父亲有几分相似，但看起来比我父亲更加随和、平易近人。

我母亲告诉我这个人称为大伯。

讲到大伯，我需要插入他的一段故事。

大伯是我们家族里最有出息的人，他曾给我讲过他的曲折人生，我也曾看过他参加革命工作的履历，我觉得他的一生可以写成一本很励志的书。

因为家里分得的田地少，大伯在十三岁那年便离开了家。他一边自谋生路一边在水田乡求学。十七岁那年他从水田中学毕业，然后回乡里参加排吉村的工作队。后来的几十年里，他先后待过大岩村工班、县机械厂、县水电局、县物资局、县劳动工资局、县物资局、县拘留所、县公安局。这就是大伯一生的简历。可以这样说，党的口哨吹响在哪里，大伯的锄头就挥向哪里。只要党和国家有号召，大伯永远是第一个站出来撸起袖子就开干的人。

从小到大，我们孩子都特别崇拜大伯。他通过自身的努力实现了阶级的跨越，他身上散发着一种独有的人格魅力——吃苦耐劳，任劳任怨，以及有自己的信仰——让人崇拜。

大伯得到很多的勋章和荣誉证书，那些都是党和政府对他工作的肯定。

政府还曾有意提拔大伯为县委书记，但因为文化水平有限，所以大伯的仕途就只停留在县公安局里。

有信仰的人精神世界和内心世界都异常的强大，这可能是大伯身上最大的闪光点。

我从来没有想过，有那么一天大伯会来学校叫我搬去他家住，但那天他真的向我伸出了橄榄枝。

有一件事我很肯定，我父亲在开学那天应该是去大伯家拜访过，不然，大伯是不可能知道我在民中就读的。

我从来没有想过能去大伯家寄住，所以当大伯在乒乓球台那里向我伸出橄榄枝时，我心里都快要乐开花了。

尽管内心汹涌澎湃，但我很矜持，并没有表现出来。那种矜持是一个乡下孩子对于别人施好的一种礼貌回馈。

我婉拒大伯说："大伯，搬去您家太麻烦了，其实我在学校住得挺舒服的。虽然学校的宿舍拥挤得像个鸡笼子，食堂饭菜难咽得像啃猪食，洗澡还要抢浴室，不过，我都习惯了。"

我是想这样说的，但只说出了前一句话，后一句话被我咽了回去。

我很害怕大伯看不出我的故作矜持。

"学校条件这么差，你怎么能取得好成绩呢？赶紧收拾行李，住我家去。"大伯仍坚持说。

我能感受到大伯的真情实意，也能感受到他对孩子教育的重视。于是我卷起铺盖就跟他走出了学校的大门。

大伯在年轻时省吃俭用供他两个弟弟上学，在成家立业后又竭尽全力地创造条件给他的侄子求学。我想起一句话：做一件好事容易，做一辈子好事难。大伯用他的一生在践行着这句话。

小仙居

在上高中之前，我从来没有去过大伯家，我一直都很好奇他家到底是什么样子。

我大伯家应该很有钱，很多证据能支撑我这一观点：大伯每年回乡过年都会带很多的年货，像葡萄、柚子、橘子等。年货多到每次他回乡时，我父亲和三叔都要挑着扁担箩筐去大岩村接他。

大伯每年过年都会带很多的旧衣物给我们，那些衣物很多都是名牌，价格不菲；大伯在过年给我们孩子的压岁钱比嘎公嘎婆多数倍不止；大伯一直在政府部门工作，曾担任过派出所所长，还差一点成为县委书记。

所以，我据此推断大伯家应该很有钱，房子应该很有派头。

我觉得他家大概率是一座豪华的复式别墅，雕栏玉砌，亭台楼阁，白色灰泥墙搭配浅红色屋瓦，富丽堂皇，还可能有御花园。

那是我见过县城里有钱人的豪宅模样，贫穷限制了我对富人的想象。

我大伯家应该有养狗，我甚至都敢打赌，因为这才符合他的身份和性格。

在去大伯家的路上，我甚至都想起了我家曾养过的小黑来。

我想象的画面和现实看到的场景相差很远，大伯家很普通，离官邸豪宅相去甚远。

　　他家是一所小砖房，五厢的布局，前院有围墙，墙上有盆栽，铁门前有一个小型 L 字阶梯，这种格局的平民房在迁陵镇酉水河南岸极其普通。

　　我那时才明白大伯在过年时表现出来的阔绰奢侈其实只是他在竭尽所能地表达对父母兄弟们的爱而已。他的家境在县城里其实很普通，并没有我想象中那般富有殷实。

　　要说大伯家有什么地方与附近的砖房不一样，我觉得是堂哥偏房外墙上那些浓密的爬山虎和我堂姐在家门前种的那些花花草草，让那所小砖房有了一种小仙居的味道。

　　还有就是大伯家铁门外有一棵很不正常的枇杷树，它不是大伯家的财产，却有一分枝直伸到大伯家的前院。除此外，枇杷枝叶下的坛子很显眼，密密麻麻地几乎快摆满了整个前院。

　　这就是大伯家的整个布局。

　　有一点很出乎我的意料，大伯家并没有养狗，而是养了一只狸花猫。

　　它的名字叫阿五，是伯母起的名字，因为它在叫时会发出啊呜啊呜的叫声。

　　阿五被大伯养得那叫一个肥，整个身体看起来就是一块椭圆形的五花肉。我看着它在火辣辣的太阳底下走一圈，身上流的全是油。

　　我和阿五有很多的故事。

　　我很喜欢撸它，它的毛软绵绵的，而且很有肉感。

　　但它很嫌弃我，我所表达的友好善意和爱抚很多时候换来的是深深的抓痕。

　　老实说，我不太理解猫的世界。

我曾对阿五敬而远之，但它又老在我面前晃来晃去，甚至还会跳上我的书桌引诱我。有一次它甚至跳上我的床勾引我，然后我手上的抓痕越来越多。

我很认真地和阿五讨论过我和它之间的问题。

我跟它说不可以仗着自己胖、萌、可爱就可以为所欲为。胖、萌、可爱是它获取小鱼干的资本，而不是它一味获取别人原谅的筹码。

我告诉它要学会和别人相处，最好是它的啊呜声带有腔调，这样别人才能判断它的喜怒哀乐；我建议它要学会温顺，别人抚摸时应该躺下来眯眼享受，不然就收起爪子悄然离开，不应该用爪子伤害别人。

我和阿五的沟通更像是一场驴唇不对马嘴的单人对白。它很高傲，我行我素，而我依旧忍不住喜欢它。

内急病

我寄宿在大伯家时，堂哥在张家界上大学，所以我就住在他的偏房。

走读的感觉真的很棒，它能让我产生这样一种心理错位：好像自己不是来自低人一等的农村，而是来自有优越感的县城一样。

在家里通常是大伯掌厨，他的厨艺和我父亲相比旗鼓相当。

大伯的拿手菜有很多，我最喜欢的有油炸黄鳝、香干炒腊肉、板栗炖鸭子，还有碎青椒拌碎西红柿。那是我最喜欢的一道菜，辣味与鲜美并存，特别下饭。

厨房就在我睡的偏房后面，仅一门之隔。

大伯仍坚持用柴火炒菜，他觉得那样出锅的菜才够火候。

不过煮饭烧的是煤，所以厨房里既有柴灶也有煤灶。

大伯有洁癖，每次在弄完饭菜后都将整个厨房收拾得干干净净，这一点我记忆很深。

别说想在柴灶的白砖上找些剩菜残羹或是米粒了，整个灶面连油盐的印迹都找不到，这让很多蟑螂体会到了生活的艰辛。有些把爱情完全建立在面包之上的蟑螂夫妇还因此离了婚。

如果大伯下班比较晚，家里又没有人的话，我会帮忙煮饭。

有一天放学回家，我在弄晚饭时，看到储物柜里有一碗泡椒。饥肠辘辘的我想都没想就拿起一个往嘴巴里送。

我确定那是一个辣椒，但在吞咽它时，感觉像是在吞咽一团烈火。

那种辣是一种变态辣，吞到喉咙的哪个位置就感觉那团火烧到哪个位置，不过，我仍含泪把它吃完了。

吃完后，我把冰箱里的冰水全都喝完了，才总算把体内由辣带来的灼热感给浇灭了。

起初，一切都正常。

我仍在弄饭，劈柴，给火炉换煤，洗高压锅。

在淘米放入高压锅时，我突然感觉肚子一阵隐痛，然后是越来越痛。

那种痛不是像断臂般的裂肤剧痛，而是一种力度极大的藏在肠子深处的隐痛。

虽然它没到达撕心裂肺的剧烈程度，但足以让我整个人瘫在火炉旁边使不上力起身。

疼痛达到最大值时，我感觉眼前一片漆黑。

我决定运功把它逼出体外。

我在厕所里蹲了很久，结果证明那是一场无用功，跟便秘的效果如出一辙。

不能说我努力不够，我在发功时声音高亢嘹亮，青筋都鼓了起来，但辣椒的消化速度没我想象中那么神速。

阵痛仍在继续，有那么一瞬间，我真想拿一把尖刀剖开自己的肚子把那辣椒取出来。

吃辣椒引起的肚子痛，我小时候也有经历过，还不止一两次，基本上都是吃糟生椒引起的。

我脑海里闪过小时候的一个画面：我捂着肚子瘫坐在厨房炉灶前的木椅上，母亲从牛棚里拿来几根干稻草，然后将它们编成一个草绳。母亲用草绳在我的肚子上刮几下，念些咒语，再把稻草系到三脚铁架上，最后再放一把火把它烧掉，然后我的肚子痛有所缓解。

我决定试一试。迷信也好，心理作用也罢，任何一种能减轻痛苦的办法都值得一试。

我把整个厨房打量了一遍，找不到稻草，但我看到几根葱。

我用葱在自己的肚子上刮痧时，遇到了一个难题，母亲念的那些只有鬼神才能听得懂的咒语，我完全不会。

当时我在想如果随便念一些伪咒语，鬼神会不会听不懂？它们会不会以为我在戏弄它们而惩罚于我？

思前想后，出于对鬼神的敬畏，最后我念了一句："母亲大人万岁！"

事实证明，用葱刮肚子，自编咒语治肚子痛的方案并不可行。

没有办法，我只能捂着肚子去药店抓药。

我没有想过去医院，可能觉得只是小病，没有必要小题大做。

离大伯家最近的药店在我们学校门口，走路需要十多分钟。

那十多分钟，我走走蹲蹲，蹲蹲走走，走了足足半个小时。

一进药店的大门，我就火急火燎地对医生说："医生，我肚子痛得很厉害，是吃辣椒引起的。我很确定它是内急，您能帮我开点内急的药吗？"

我很自信，说话一气呵成，因为我有过肚子痛的经验。

小时候，我最喜欢吃的一道菜是糟辣椒。在食物匮乏的季节，糟辣椒是最省事最下饭的一道菜。

摘几个辣椒往火堆里一丢，待其焖熟后取出，冲洗干净，用擂钵捣烂，放点盐直接拌饭吃，可以对付一大碗玉米饭。

吃糟辣椒有时会引起肚子痛，尤其是吃到一些特别辣的辣椒时，有时甚至会引起胃痛。

所以我有肚子痛的经验，村里医生告诉我这种病就叫内急。我只是忘记了当时村医给我开的药名而已，不然我是可以直接买药的。

医生听了我的话后，表情一片茫然，她反问我说："这位同学，内急不是应该去上厕所吗？"

我意识到一点：开药店的并不一定是真正的医生。

我都有些急了，我一边向医生详述自己的各种发病症状，一边跨学科跟她普及医学常识——我定义的内急病。

终于，医生听懂了。她笑呵呵地问我说："这位同学，你是不是想说你得了痢疾？"

那一刻，场面有点尴尬，空气像是凝结了一般。

我小时候得的那种腹痛腹泻，一天拉十多次的肚子痛是叫痢疾，我们村那该死的医生把痢疾念成了内急。

我闹了一个方言笑话，洋相尽出，恨不得挖个地洞钻进去。

最终医生给我开了药。

我服了药后，感觉病情有些好转。

　　我是回到家里时才知道高压锅的底被烧穿的，我离开家时太匆忙，高压锅里只放了米没有放水。伯母大发雷霆把我骂了一通。

伯　母

在去大伯家前，除了在我家的相册上见过伯母外，我从来没有见过她本人。伯母从来没有去过我们乡下过年，起码在我出生之后没有碰到过，她有很严重的糖尿病。

我不知道糖尿病能把一个人折磨成那样，她的皮肤蜡黄得像一个杧果，全身浮肿得像一个长期浸泡在水里的腐烂辣椒，除了耳朵还能接受高分贝的声音外，其他五官几乎全部报废。

一个人只能通过听觉去感知这个世界是一件很可怜的事情，伯母的一生正在接近尾声。

在伯母眼睛还能模糊看见东西时，有一次她出门参加同学聚会，刚走出家门就直接从大门的 L 字楼梯摔了下去，腿被摔成三截。

那次差点要了她的小命。

她在医院里住了一个星期的院，吃喝拉撒都在床上。从那一次以后，她再也不敢出门，行走都要借助拐杖。

大伯就那样照顾着她的起居。

在她瞎了之后，大伯给她喂西瓜。

在她住院屎尿都拉在床上时，大伯帮她清理屎尿，帮她翻身。

在她不断抱怨炖的鸭子太硬咬不动时，大伯一次又一次把鸭子倒回锅重炖。

在她只有声音的世界里，大伯每天晚上学唱歌，唱给她听。

这种侍奉的工作日日夜夜，十年如一日。

我要承认我在同情伯母不幸的同时，也在羡慕她那一份不幸，我多么希望那是我父母的爱情故事。

这些情景是我高中毕业十多年后重新探望大伯时看到的情景。

时间被倒放到 2003 年时，它其实是另一番景象。

那时伯母还是一个四肢健全、精明能干的女强人。

伯母是一个生意人，在保靖最豪华的商业街有自己的店面，最大的生意是做泡椒。

伯母同时是家里的女王，在家里有着至高无上的话语权。我在她管辖的区域内是唯一一个不臣服于她的臣民。我和她之间有着不可调和的矛盾。

那是在过完国庆节的第三个周末，伯母又从商贸中心那里采购了一批新鲜的辣椒用来做泡椒。

那些扛麻袋的小工在前院来来回回的走动声吓得阿五到处乱窜。我无法专注学习，于是停下手里的笔，从偏房里走了出来。

前院里辣椒堆积如山，从大厅一直连到枇杷树枝下的坛子，像是一座小型的火山，看得我有些头皮发麻。

我有一种被辣椒支配的恐惧，不仅仅是因为曾经吃泡椒吃到肚子痛，更多的是后来做泡椒时辣手辣到怀疑人生。

做泡椒的流程并不算复杂，但从最初筛选，到清洗，再到戳洞，一直到最后入坛的整个过程中，双手都在和辣椒接触。那跟双手直接泡在辣椒里没有什么区别，特别辣手。

整个流程中最辣手的环节是给辣椒戳洞，因为在戳辣椒时会有辣椒水从牙签戳穿后的小洞流出。

　　胶手套的隔辣效果并不好，因为无论再怎么小心总会有或多或少的辣椒水沾到手上。而且长时间操作，胶手套自身也会被泡辣。手套本身也会辣手。

　　但这一环节又不能省略，因为它将直接决定泡椒成品的色调和口味。

　　如果辣椒打的洞太少或是漏打的话，那么调料和香料是无法浸透内部的。这带来的后果是要么泡椒尝起来索然无味，要么会软趴没有卖相。更有甚者会直接腐烂在坛子里，进而又会影响整坛泡椒的口味。

　　所以戳辣椒是整个做泡椒流程中最重要同时也是最辣手的环节。

　　那种辣手是刺骨的，久久不能褪去，就好像双手一直被放在炭火上灼烧一样。它没办法通过水洗的方式去除，香皂、肥皂、洗衣粉、牙膏、洗洁精都不行。

　　把双手泡在冷水里会好一些，但只要双手离开水面，热辣会瞬间回归。

　　如果在睡觉时把手放到被窝里，那么这种辣会变本加厉，会变成一种热痛，异常难受，无法入睡。

　　我在做了几次辣椒加工员后，有一种被辣椒支配的恐惧，看到辣椒就害怕。

　　但伯母并没有停止采购辣椒的意思，她要在本地辣椒过季前，做满能卖整整下一年的泡椒量。

　　越到后面工期会越赶，有时我表舅和表舅母也会过来帮忙。

　　国庆节时，我堂哥也特意从张家界回来帮忙戳辣椒。那一次，我们七个人在家里整整戳了一个星期的辣椒。

七天后，我在学校上课时都不能用力握笔写字，只要手一发力就会觉得异常辣痛。我也不敢撸猫。

有一次，在戳辣椒时，我眼睛进了灰尘。我下意识地去揉眼睛，结果差点辣瞎眼睛。从那一次后，我开始逃避家里戳辣椒这项义务劳动，以去学校写作业为名。

那一天，伯母又采购了整整十麻袋的辣椒。家里只有她一个人，我知道她很需要帮手，但那一次我仍选择了逃避。

"龙晓勤，你要去哪里?"就在我收拾好课本和背包准备出门时，伯母叫住了我。

"去学校写作业。"我说。

"一看到辣椒就往学校里跑，有你这样子的吗?"她很不耐烦地说。

"高中学习任务繁重我也没办法。"我找了一个自认为冠冕堂皇的理由。

"写作业一定要去学校吗? 家里不能写吗?"

"当然不能。有些不懂的题目，我要去学校请教其他同学。"

我和伯母在正面交锋，大家对彼此的小心思都心知肚明。

我和伯母有一些小隔阂，摆在我们面前首先是赤裸裸的金钱问题。

大伯家的经济并没有表面看起来那么光鲜，堂哥在上大学，伯母又有严重的糖尿病，大伯就一直在烧钱。

父亲每个月都会给我大伯寄几百块钱当寄宿费，但大伯碍于兄弟情面并没有收，所以我算是白吃白住。

我的到来在一定程度上加重了家里的经济负担，对此，伯母颇有怨言。只是碍于情面，没有直接表现出来。

当然钱只是一个方面，另一个方面是我的所作所为——儿童的任性和野性难驯——让伯母难于接受。

这样的例子有很多，比如我的粗心大意把家里的高压锅烧穿了。比如国庆节时，堂哥带我去商贸中心网吧上网。我在下机后没有找到堂哥，便撇下他一声不吭地跑回家了，害得堂哥像发了疯一样在商贸中心那里找我，就差没打电话报警了。比如有时候我没有事先和伯母打招呼，就把同学带回家玩。再比如我在家里白吃白住，又不帮家里做泡辣椒。

诸如此类的细节还有很多。

伯母对我很失望，觉得我很没有教养。我在伯母瞳孔里的成像是一只恣意妄为、无法驯养的野猫。

伯母不满的情绪日积月累，终于在我一而再，再而三地逃避家务中爆发了。

那天，她强忍着不满对我说："我觉得你搬回学校住可能会对你的学习好一点！"

我把这句话理解为伯母温婉的逐客令，所以就从她家搬了出来。

我不想让大伯夹在中间左右为难，更害怕自己成为破坏别人家庭的罪魁祸首，所以我决定在所有事情仍有回旋余地之时，在炸弹可能引爆之前，抽身离开。

从小到大我对很多事情都是后知后觉，因为有很多的道理，我需要花时间去摸索和感悟，所以感悟往往带有明显的滞后性。

和伯母相处让我明白一件事儿，寄宿在她家和嘎婆家性质不一样。在嘎婆家我可以任意妄为，但是在她家不行。

在伯母家里，我们的关系很脆弱，没有强大的血缘关系维系，所以我的一举一动都是血缘关系外的教养体现。然而这种东西也正是我身上所缺乏的。

我从小都在一个近乎绝对自由的环境中长大，放养式的成长经历造就了教养的稀缺。

我希望自己所有的交际都是自由的，所有违背自由意愿的交际都是可预料或是有自知之明的，但我又不想给别人带来不适应。想要兼顾两者或是找到一种平衡其实是很难的。

所以，我一直希望有一套理论可以指导我所有的交际行为，让它们能达到一种理想的平衡状态，这种念头从那时开始萌芽。

我相信人类的文明交际行为是有底层逻辑可以追寻的，我只是不知道这种理论要怎么产生，又要怎么被证明。

我现在在想假如当年自己能懂事些，不那么任性，有担当些，那么在伯母眼瞎之后，她脑海里应该会有一些美好的回忆——和一个农村野孩子愉快相处的美好回忆。

我从来没有告诉她我曾在她身上体会到过一种久违的母爱，在她早起帮我弄早餐时。

高一那一年，我在大伯家仅住了两个月，就从他家搬回了学校。

寄宿在大伯家的那段岁月里，我每天晚上都在挑灯夜读，在提高成绩的同时，也养活了不知道多少受苦受难的蚊子家庭。

以后我要是也有自己的家，我决不会在家里种爬山虎，蚊子对它的欣赏有时远超过主人。

我会养一只狸花猫，我喜欢猫。

我对猫的世界有另一种理解，它们挥舞着爪子并不是想去伤害别人，而是害怕别人伤害自己。

挣　扎

高中的生活很枯燥，基本上每天都过着宿舍、教室、食堂三点一线的生活。不是在教室里看书，就是在去教室看书的路上，周而复始。

教室里每个同学的桌子上都放有厚厚一沓书，有一尺多高，不抬头你根本看不见黑板上的新知识长什么样。

老师经常对同学们说的一句话是：知识改变命运。

对于无权无钱无势的"三无"农村孩子来说，高考可能是改变他们命运的唯一方式。我有这种意识，所以在高中时学习异常地刻苦和努力。

我希望通过自己的勤奋努力能考取个好大学，走出农村，实现阶层的跨越，就像我大伯那样。

我上课专心听讲，认真思考和做笔记。

早读时，班里朗诵英语声音最大最尖的那个人一定是我。

为了争分夺秒，我连上厕所都拿着试卷。

我每天埋头在书堆里，废寝忘食，但我的成绩很梦幻。

有时我能排在班里第三名的位置，有时能排第二名，有时甚至能拿第一名。我很喜欢自己的排名，就是不喜欢它的排序，因为它是倒着数的。

高一整整一年，无论大考小考，我的成绩始终在班里倒数三名的位置徘徊，从来没有达到过倒数第四的位置。

有时我真希望班主任以一种恨铁不成钢的语气骂我

说："龙晓勤，你看你这成绩差得都排在班里倒数第四的位置了。"

这种变相的褒奖在现实里从来没有发生过。

我只是感觉前面有三十座大山，无论我如何努力都无法翻越。我的学习一直处于很挣扎的状态。

高中的学习氛围对我来说非常友好，没有走读的压力，不需要做沉重的家务，没有家庭的烦心事，没有校园暴力，也没有社会不良因素影响，我也努力过，但我的成绩不尽如人意。

我有意识到的一点是：高考只是相对公平，而并非绝对。

在不同成长环境下，在地域、家庭教育、学校条件和社会环境等诸多因素的共同作用下，偏远农村的孩子和城里孩子在学习上存在着一定差距。

举例子来说，我们班有的同学在初一时就已经把中国的四大名著读完了，而我初一的课余时间不是在向党的小店里看电影，就是在去向党的小店看电影的路上。

再比如我们班有一个叫彭A的同学，成绩相当优异，别人说有高考状元的潜质。学校当年为了留住和栽培他，特意送他去美国夏威夷搞学生交流活动，所以他上初三时就已经出过国，有一口非常流利的英语口语了。

英语口语我也能说，但我们学校来自夏威夷的外教老师——迈克尔——很少有听懂过，在他上口语课时。

我意识到了这种差距，也从心理上接受了这种差距，也在现实里尽量弥补这种差距。但我在努力的同时，别人也在努力，这是相对运动，所以在短时间内我根本无法追赶。

还有我的偏科在加大这种差距。

我对于有逻辑性的学科，如数学、物理、化学等特别感兴趣，成绩也挺不错；对于靠死记硬背的学科，如英语、政治、历史、地理等学科提不起兴趣，分数就不是很理想。

所以我一直在期待高二的分科。

父亲的一封信

高二的分科还没有来临，我辍学的风险捷足先登。

有一天，我收到了父亲的一封信。

信的内容是这样的：

自小儿：你好！

昨天是中秋节，在异地他乡的我不能与你相聚一起过节，这也许是命运的安排吧。

8月15号前，我曾打了两次电话到你大伯家，得到的回音是：您所拨打的电话已停机，请挂机。

无法与你取得联系，我只有命笔于书。

中秋这天，我给你带了（寄到家里）深蓝色工作服一套，不知你是否喜欢。本想买一套学生服的，但因托人不便就没有买。另外，还有内短裤三条，休闲鞋一双。同时还有旧薄膜一张，用于家庭建设，请勿打开，以免不好保管。

自小儿，逆境能够锻炼一个人的意志，只有经历过风雨的人才能锻炼出坚毅的性格。望你在人生前进的风浪中不断经受磨炼和提高，随时准备着境遇的挑战——努力学习。

这次没有给你带钱来。

我所要强调的观点是：在念高中阶段，你应该尽量和你妈要钱，在无法与她取得联系时，你可以给你三姨或外婆打个电话。在电话中你可以这样跟她们说：我没有生活费（或是学费）了，请您务必转告我妈一声。

然后具体再讲讲你所需要的金钱数量。

话不要讲多。讲多是不起作用的。

也许她们会问你："你爸呢?"

你这样回答："我不愿提起他。"

为什么要这样呢?也许你会问。

因为只有你读书的时候才能要得到你妈的钱,否则休想。

我的钱用于还账和家庭建设,再就是作为后备力量。除此之外,剩余多少都是你的,我是不会带入棺材里的……

在实在无法与你妈取得联系的情况下,你可以叫大伯给你借,往后我再跟他认账。

我的这种想法,请你不要跟他们讲。

你只有配合我才有可能把高中念完,才有可能离你的目标近一些。

当你考上大学时,我会为你考虑的。

另外,春节我若不能回家,到那时我再给你寄点春节所需要的开支。

记得:平时不要参与带有赌性质的活动。无聊时,可以打打乒乓球、篮球或钓鱼等一些有益于身心的活动。

祝你:

学习进步。

父亲笔,2004 年 8 月 16 日,于浙江省宁海县长街镇。

(注:回信无法收)

我上高二那年,父亲结束了他早年推车外卖的辛苦创业后,跟着村里的建工大队去了浙江宁海打工。

他写信的日期是 2004 年 8 月 16 日，但我收到信时已经是 8 月 27 日了。那时离开学已经没有几天了。

我除了收到几件衣物和一封信外，并没有收到钱。我有些着急，没有钱我没办法去学校报名。

我从父亲的信中第一次得知母亲的消息，那时母亲离家已经有整整五个年头了。

我不知道父亲从哪里打探到的消息，但他一口咬定母亲有跟三姨、嘎婆联系过，所以他不太愿意支付我的学费，他的信写得很清楚。

我很兴奋地跑去了三姨家核实情况。

我三姨家在葫芦镇小学，姨父是一个教书先生。

早年，三姨在镇上开了一个照相馆，我在二中念书时去过她家几回。三姨对我很热情。

我在照相馆找到了三姨，但她说母亲并没有联系过她，所以我又联系不上母亲了。

我陷入一个很尴尬的处境——不知道该找谁要钱，父亲把我推向别人，三姨又说没有母亲的消息。

我分不清谁在撒谎谁在说真话，感觉自己活在大人们精心编织的谎言里，像一个没人要的烂皮球一样被踢来踢去。

我不可能去找嘎婆或是三姨要钱，更加不可能向大伯开口要钱，我开不了这个口。

我彷徨无助，我讨厌大人们为了推卸责任而玩的那些成人游戏，我讨厌他们在感情博弈时给孩子编排的剧本和设定的棋子角色。

但我仍想念书，那是能改变我命运的唯一机会。我不知道该怎么办。

最后，我拨通了我姐的电话。我姐成了我绝望时的救世主。

我很珍惜来之不易的求学机会，高二读书时更加认真了。我不在乎别人说我穿着深蓝色的工作服像是学校里的童工。

我以为在分科后，我成绩排名会靠前一些，然而并没有。

分科时，学校按成绩重新排了一次名，我们班仍是三十三个人，我刚好处于倒数第三的位置。

我以为没有了那些死记硬背的科目，我的成绩排名会好一些，但是没有。

我足够努力，但高二的第一个学期下来，我的成绩仍处于倒数第三的位置。

曾经有一段时间，我认为自己是个失败者，因为我穷极智慧，使出浑身解数，仍无法追赶我们班那些优秀的同学。

有一种无形的力量在束缚着我，我能感觉到它的存在，但我不知道它是什么鬼东西。

我仍在挣扎，仍在寻找一种新的突破。

我决定搬去外面租房住，在高二下学期时。

学校的宿舍每天晚上都会定时关灯，我想突破时间的限制。

通过缩减睡觉时间的方法将时间的利用率达到最大化，那是我能想到的最后的方法了。

租房会引来另一个问题，那就是费用问题。

当时学校附近的房价，单间每个月需要五十元左右，而我每个月的生活费只有一百。

单单租房就占去了一半，我的生活会变得很拮据。

我想向父亲申请涨点生活费。

"每个月一百就是一百，一个子也不能多。"父亲的回答没有一点新意。

我没有继续去试图说服父亲，因为搞不好我还要向他解释为什么从大伯家搬出来又要搬到外面住这么曲折的故事，所以我对租房的事只字不提。

最后，我通过和同学合租的办法解决了费用的问题。

学校对于学生在外租房的情况是持一种认可的态度的，前提是需要得到家长的同意。

因为我之前有校外住宿的情况，所以班主任并没有任何阻挡。

有一个现象是我没想到的，在我们搬出去不久后，学校开始掀起了一股租房读书的小浪潮。

学校担心我们奥赛班的学生在外面租房有危险，还特意给单独安排了宿舍，就在我们教学楼的地下一层，不过仅限于年级前几名的同学。

考虑到安全的问题，我第一次租的房子离学校很近，就在校门口的转角处。

那是所新房，在一楼的偏厅有一个独立的房间，那里成了我读书的第二战场。

那家人养了一条土狗，它特别热情，只要有人从家门前经过，它就疯狂地问候，无论有多晚。

所以，我们在那里失眠了一个月后，又搬了出来。

后来，我们又搬到了一个新住处，也在学校附近的居民区。

在租房那段时间，我一直在寻找一个时间的平衡点——既能保证我有尽可能多的时间去学习，又能保证我有足够的睡眠时间而不影响学习，最后我得出的结论是每天晚上睡五个小时。

因为每天晚上挑灯夜战，我变成了近视眼，以前在大伯家五米开外就能分辨蚊子公母的视力成了过眼云烟。

第二任女房东对我们特别友善，可能是她儿子也在民中念高中的缘故。她偶尔会给我们点水果吃，我们很感激她。

虽然我在外租房时学习更努力，花在学习上面的时间更多，但投入和产出没有成理想的正比。补偿我的是对现实的认清：我不是读书的料。我竭尽全力地证明了这一点。

我已经达到了物理极限，就好像一个跳高运动员，当一切先天性因素和后天硬件条件固定后，他能到达的高度其实是有上限的，无论他再怎么努力。

我想除非有奇遇，否则想突破物理极限或是冲破自己固有认知的瓶颈就是在痴人说梦。

我能想到的奇遇有：

被雷击中，大难不死，脑袋突然开窍；跌落谷底，找到武功秘籍，打通任督二脉；跌落谷底，没有找到武功秘籍，但不幸被雷击中，然后脑袋突然开窍。

不过，我知道这些都不可能。

自恋三人组

高三开学时，班里有些风言风语，说是有复读生要来我们班插班，是从州民族中学转过来的。

听到州民族中学这几个字时，我还是有些惊讶的，从州民中转到我们县民中，这属于"下嫁"。

州民中是我们湘西自治州最好的中学，没有之一。它在除吉首市以外的县城招生条件特别苛刻，在我就读葫芦二中的前后两届中，没有一个考取州民中的，包括我自己，可见它的门槛之高。

那个转学生放着市重点高中不上，偏要来我们小县城凑热闹，我觉得他的脑袋可能是被驴给踢了。

有一天，数学老师也就是我们的班主任，领着一个男同学走进了我们九班的教室大门，那是我第一次见黄林。

很客观地说，黄林的五官不太具有观赏性，椭圆的大脸搭配迷你小眼睛，大嘴巴点缀笔筒洞鼻。在那之前我从来没有见过湘西土匪，不过，黄林给了我无限想象的空间。

他戴的那副扁平眼镜让他多了一种与土匪气质背道而驰的斯文属性。

黄林的皮肤黝黑，好像太阳对他的关照比一般孩子要多一些。那种黑无法量化，但倘若我想和他一较高下，绝无胜算。

我对黄林全身上下最满意的地方是他的身高，我目测他不会超过一百六十二厘米，我比他高两到三厘米肯定是有的。这两到三厘米的高度差体现在每天做课间操时我终于再也不用站在男生队第一排第一个了。

班主任把黄林安排在我旁边，于是，我们班里最矮的两个男生成了同桌。

黄林上课从来都是默默听讲的样子，他并不像其他同学为了体现优越感而大声作答，也并没表现出像彭 A 那样为了彰显自己英语水平高而特意翘课去自己的宿舍上自习。

他给我的感觉就是平平无奇。我们对知识都保持着一种缄默尊敬的态度。在老师提问时，我们喘气喘得很小声，都不敢和老师对视。

高三的第一次模拟月考很快来临，黄林的成绩惊到了我。

除了语文，几乎门门课都满分。我是一个井底之蛙，不知道优秀的人可以优秀到这种程度。

当时我看着黄林就像看到了西方人都不曾见过的上帝。迈克尔老师一直信奉的上帝极有可能是一个椭圆小眼睛，大嘴巴笔筒洞鼻，一百六十三厘米的黑人。

我开始相信读书真有天赋这东西。

与一个天之骄子同桌，那种压力没办法形容。每次看见黄林我总有一种恨不得将自己的头皮扯破，然后将平庸的脑浆取出踩入泥土的冲动。

我决定向优秀看齐。

我还算比较争气，与黄林朝夕相处中，跟他学到了很多东西，首先学到的是自恋。

我成为一个所谓的自我主义者是从和黄林组"自恋三人组"开始的，这件事情很有意思。

当时，我、黄林，还有我们班长三人是同排同桌，因为臭味相投，我们决定成立偶像组合，取名为"自我陶醉自恋三人组"。

黄林是大恋，班长是二恋，我是小恋。

有组织就必须要有相应衬托其性质的口号。

我的口号是：有我帅的没我幽默；有我幽默的没我成绩好；有我成绩好的没有我高；有我高的绝对没有我帅。

二恋的口号是她的口头禅：不要迷恋姐，姐只是一个传说。

我们大恋的口号是：纵观古今中外，敢视天下英雄如视草芥的仅我黄林一人。

我们的自恋绝非某些精神学家所说的因力比多过剩而造成的精神疾病，而是在无处安放的青春里绽放出的盛世豪言。

我们的组合并非古惑仔电影里的黑帮，而是几个臭味相投的高才生为博青春友谊而给自己编造的空头衔。

在和黄林的朝夕相处中，在我们自恋三人组的欢声笑语中，我的成绩在不知不觉中有了突破，我把这种神秘的力量叫潜移默化。

黄林对我影响很大，他让我看到优秀二字的参考线。这一点至关重要，因为只有遇到优秀才能变得优秀，否则优秀没有参考点，就无从着力，没有见过彩虹的人是无法勾勒出彩虹的。

我敢很自恋地说：只要自己朝着那条参考线去努力，时间会让优秀碎片累积，当量变引起质变时，我也能来到一个和普通人有高度差的地方，成为一个与众不同的人，这是我曾经在高中日记里鼓励自己的话。

2006年高考时，黄林以湘西州第二名的优异成绩考入北京大学，这个消息在保靖县轰动一时。

我在民中金榜上看到了大恋和二恋的名字，却没有看到自己的名字，也没有等到湖南长沙理工大学的录取通知书。

我以为自己挥洒过汗水就能成为一个以知识改变命运的人，结果，命运却在跟我开玩笑——我考上了，但没有被录取。

那个女人

那年我十八岁，已经具备了远走高飞的能力，我准备只是随农村的时代潮流出去打工，在高考落榜之后。

我并非自暴自弃，我只是在质疑是否农村孩子只有读大学这一条路可走，而我宁愿相信还有其他的出路，我想去寻找大学之外的其他可能性。

我考虑过后果，无非是失败后回家继承我父亲的衣钵——成为一名白帽胖厨师，这是最坏的打算。自从在大伯家见识过大伯那登峰造极的厨艺后，我从心理上已经能接受厨师这份职业了，那也是一条出路。

我奶奶很反对年轻人外出打工，她觉得背井离乡并不是一条长远之计。

所以在得知我要外出打工时，奶奶很不耐烦地劝我说："我的乖孙子，不要出去打工，在家里种地多好，每年的粮食吃都吃不完。"

奶奶视土地为生命，她看到打工潮带出村里荒地的现象日趋严重，很是心痛，见村里每个年轻人外出打工都是这般苦口婆心地说教。

不过我仍坚持要出去，我对外面的花花世界仍充满着幻想。

在出门前，有一件事我必须要去做，那就是向父亲要点盘缠。

父亲从浙江宁海回来后，在吉首开了自己的饭店。

那个门面的地理位置还算不错，在光明桥底下。

那里离吉首火车站很近，人流量很大。

而且店面就在猛峒河边上，风景宜人。

店面位置唯一的缺点是雨季来临时猛峒河会涨水，那带着泥巴污土的黄色河水会将河岸两边低海拔的房屋和店面全部淹没。

类似的情况出现过一次，那次父亲在饭店里捞鱼。

有一件事是我到了父亲的饭店后才知道的，饭店里那个四十多岁的女服务员并不是我父亲花钱请的，她是我父亲枕头边的女人。

我和她第一次见面很尴尬，她以为我是上门吃饭的顾客，我以为她是店里的纯服务员。

向我父亲伸手要钱从来都不是一件容易的事儿。小时候他经常对我说的一句话是：我只养你到十八岁，剩下的全靠你自己。那一年他兑现了他的承诺。

为了能有盘缠外出打工，我跟父亲口头协议：我在饭店里给他当一个月的临时工，他给我一千块钱做报酬当路费。

那一个月过得很慢，不过，我等身份证办下来，也需要时间。

我从村里那些经常来饭店吃饭的熟人口中得知了父亲和那个女人的故事。

父亲在宁海做主厨时，在饭店里认识了一个女人。

那个女人很有魅力，单靠带有磁性的声音就把我父亲迷得神魂颠倒，她就是那个女服务员。

父亲把她从宁海带回了吉首后，两人就一起开起了饭店。

那个女人绝不是我母亲曾经在父亲钱包里看到的照片上的那个女人，所以父亲的桃花运可能比我想象中要多。

母亲的离家出走让父亲的婚外恋有了正当的理由和借口。

一纸婚约在父亲眼里就如同狗屁，他一边跟我说母亲还活着，还和三姨嘎婆她们有联系，一边又肆无忌惮地凌驾于道德和法律之上。

那个女人肯定是要进我家门的，因为她只有一个女儿，老无所倚。

我能想象得到那一天的到来，那时那个家就不再是我的家，而是她和我父亲的二人世界。

我不介意把自己余生能从父亲身上获得的爱当成幸福券全部赠送与她，我只是担心到时父亲会把我逐出家门，就像狮王会把成年的雄狮逐出家园，让它们去草原流浪一样。

虽然这事儿不一定会发生，但我要做好余生去流浪的心理准备，这更坚定了我外出务工的决心。

在饭店的那一个月里，我除了掌握更多的厨艺知识和变胖之外，并没有太多意外收获，除了改口把那个女人称呼为阿姨。

终于，大伯给我来电说我的身份证办下来了。

钱和身份证都到手了，我准备去广东投奔我表哥。

可能是上天的安排，我在火车站买票时，刚巧碰到黄林也在排队买票。

曾经我和他都是校园偶像组合中的一员，自恋不可一世。但我们再次相遇时，我却失去了上前打招呼的勇气。

黄林是一只从武陵山脉深处飞出的金凤凰，整个保靖县城里都拉满了他的横幅，而我是个无名的高考落榜生。一场分数追逐的游戏在我们之间产生了一条鸿沟。

我昔日的自恋在攀比和虚荣心的共同作用下变成了一种即时的自卑，夹杂着羡慕、嫉妒和恨的复杂感情。

我掉头就走了，票都没买。

我临时改变主意，决定去复读。

我读书读得早，有年龄优势。

命 运

我相信这个世界的阳光面积要比黑暗面积大很多，因为我碰见了很多的好人。

我们补习班的班主任叫刘劲松，他是我之前奥赛班的生物老师。

刘老师在得知我家庭困难后给我申请了助学金，帮我解决了后顾之忧，我才得以重返学校。

上学的第一个星期，刘老师在我们教室门外贴了一副很鼓励人心的对联。

上联是：山外有山 忆往昔 鲲鹏展翅壮志凌云 奏凯歌 已露峥嵘；下联是：楼上高楼 瞻前程 青春胜火众志成城 谱新曲 再闯雄关。

这是刘老师对全班学生的期望和鼓励，很能振奋军心。

刘老师为了激励同学们，还鼓励大家立志——写下自己理想的大学作为奋斗目标。他对我们说可以把目标设得高一些，这样就算理想有缩水，它仍能达到一个较高的水准。

我也立了自己的目标，在周末回家时，我用毛笔在自己房间的墙报上写下了"清华大学"四个字。我想如果这个宏伟的目标能刚好缩水到湖南大学，那就完美。我特别想去长沙上大学。

墙报上那份《人民日报》宣导的主题是中华民族的希望，我那四个大字刚好填充了那份报纸。

复读是背水一战，我绝不允许自己错过第二次改变命运的机会。就算拼个头破血流，就算累死在课桌上，我也要争取考取个好大学。

开学的那几次月考我的成绩很理想，数学满分一百五十分，我能考接近满分。总分能达到上一年一本的分数线以上，而且我考得很轻松。

虽然我仍有偏科现象，但我相信复读和补习的方式能查漏补缺，因为我有过相似的经历。我觉得未来可期。

一切看起来都在一个正常的节奏里，直到那一天的到来。

那是一个深秋的下午，太阳懒洋洋地照在我窗户的铁栏杆上。光线透过厚厚的玻璃映在课本上，显得有几分刺眼。

我们在上自习课，教室里很安静，只听见大家翻书的声音。

突然，走廊外传来刘老师一阵爽朗的笑声。

我抬头循声向窗外望去，在窄窄走廊的转角处，刘老师边走边回头和什么人交谈着，缓缓朝着我们班方向走来。

我还没有看到后面的人，但她的声音我很熟悉。

那声波的频率和分贝，我绝对曾听过，但一时间找不到和声音对号的人。

终于，我看到了那个女人。

她是一个臃肿肥胖的妇女。

她上身穿一件蓝色短T恤，其上印有两朵大小不一的白色菊花。菊花很显眼却不对称。从袖子伸出的手臂几乎和我大腿一样粗。

她下身穿着一件猪血色的休闲裤子，那裤子紧紧巴巴，勉强能包住她大腿上的赘肉。

结合那个女人的五官和声音，我推断出她是我离家出走了七年的母亲，我在她身后还看到了我姐。

七年后，我第一眼再看到母亲的感觉是她的身材走样很严重，像是被别人用打气筒给充了气一样，这是她给我最大的视觉冲击。

在我十一岁的残留记忆里，母亲是一个美艳不可方物的少妇。但在我十八岁的世界里，她变成了一个身材臃肿，满脸皱纹，白头发肉眼可见的中年胖妇女。

我所有的印象都被颠覆，除了母亲的声音。

曾几何时，我一直都在想如果有一天我再见到母亲时会是什么样的场景，我想我一定抱着她埋头痛哭，告诉她我不舍昼夜的相思；告诉她我在那七年里所受的委屈；告诉她我并没有自暴自弃成为一个十恶不赦的少年。我一定会让自己所有压抑的情绪在见到母亲的那一刻得到山洪暴发般的宣泄。

但当我真正见到母亲时，我很平静，平静得像一只没有感情的冷血动物；我很冷漠，冷漠到在内心深处并没有产生该有的精神负罪感。

我对离家有整整七年之久的母亲很生疏，那种生疏感其实在她每次离开都会有，只不过以往的体会没有那次那么深。

母亲那次回家的目的是离婚，她和我姐来学校看我也是为了这个事情。

我记得小时候母亲经常会试探性地问我说："儿子，如果有一天，我和你爸离婚了，你会跟谁？"

每一次我都会跟母亲说跟她，那一次也不例外。

虽然我和母亲许久未见，但我很确定她对我的爱从来没有变过，哪怕是世界末日。

只是那种爱很模糊，时间和距离让它缺少了可感知的分界线，让我觉得自己好像一直都拥有，但好像又从来没有真正拥有过。

母亲的爱很沉重，甚至都压得我有些喘不过气来，她在学校跟我说她迟迟没有离婚是因为想让我拥有一个完整的家。

终于我也到了法定的成人年龄了，母亲觉得是时候回家给自己不幸的婚姻画上一个句号了。

后来，母亲问起了我父亲饭店里那个女服务员的事儿，我和盘托出了。

母亲在得知那个女人曾去过我们家后，气不打一处来，她扬言要去吉首找那个女人狠狠干一架，以宣示自己的主权。

我打消了母亲的念头。

我不是怕她打不过那个女人，我只是担心母亲在揪住她头发按在地上打时会失手把她活活压死。

母亲和我姐回来的那个星期，我回了趟老家，协助母亲办理离婚相关的事宜。

父亲起草的离婚协议书我看过，整整三页 A4 纸，好像我家有数亿的财产要分割一样。

父亲的字迹很工整，铿锵有力的笔锋颇有书法家王羲之的风范，尽显他执笔时的认真。

那是一份不平等条约，母亲什么东西都没有分到，除了出嫁时的嫁妆和我们两个孩子之外。

母亲一心想要摆脱自己失败的婚姻，欣然在协议书上签了字。

母亲从始至终也没有见过那个插足她婚姻的女人，但那个女人却间接拿走了她所有的东西。

父亲工整的字迹和母亲潦草的字迹在那张 A4 纸上形成了鲜明的对比，我看到了人性中很自私的一面。

从那天起，那个家已经不再是我的家了，在家里已经找不到我任何一件衣服。

家离我越来越远，给我的感觉越来越模糊，似乎冥冥之中有一股无形之力在推着我往外面的世界走。

我父母在民政局离婚的当天我没有在现场，听我姐说母亲把我两个舅舅都叫上了。

我知道母亲对于当年父亲掐着她脖子扬言要与她同归于尽的场面，仍有余悸，虽然这么多年过去了。我也心有余悸，因为发生那一幕时我和我姐都在现场。没有人是家庭战争的胜利者，所有人都是承受者。

我始终没能明白恨的力量究竟有多强大，不过我觉得情感并不守恒。在一段变质的婚姻里，夫妻之间产出的恨往往大于他们投入的爱。

我们家成了村里第一个以离婚收场的家庭。

父母的离婚对我的学习和人生影响都很大，我曾经对家还残留着一丝丝的幻想，但在母亲的嫁妆搬回娘家后全部形神俱灭了。

我的精神世界曾有过崩塌，好像做什么事情都没有意义。

当同学们洋溢着青春活力，下雪天在澡堂洗冷水澡比谁更勇敢时，我却躺在宿舍里思考活着的意义是什么。

我翻遍了所有的教科书，并没有从中找到答案。

我觉得是自己思考问题的方式不对，我不应该在教科书里寻找考试大纲之外的问题答案。我应该视那种教育残缺以及残缺造成的无知为一种荣幸，然后欣然自得地活在一个被灌输知识的固化世界里。

但我很害怕自己的思考方式是对的，那样我会对于自己所接受的教育感到悲哀，因为它并没有解答我认为人这一生当中最重要最根本的问题。

而这个问题没有答案，所有的东西都没有意义，包括存在和教育本身。

后来因为种种原因，我们补习班被迫从民中搬到了党校。

我在党校的整个学习状态是没有状态，总觉得没有驱动力。

读书是需要精神状态的，跟打仗一样。而重建崩塌的精神世界是一个很漫长的过程。

我对于在党校的生活印象最深的只有一点：党校的澡堂里没有热水，有的同学在天寒地冻的大冬天洗冷水澡时发出杀猪般的鬼叫声响彻整个校园。

湖南省 2007 年本科一批理科的分数线是 535 分，那一年我只考了 487 分。我对自己分数印象深是因为它刚好踩在二本线上。

这个分数很悬，如果我填报志愿不谨慎，考上线而不被录取的历史会再一次重演。

母亲没有什么文化，并不能给我的大学和人生提供一些有建设性的意见，于是，我去询问了刘老师。

刘老师建议我报考了一个比较妥当的大学——怀化学院——以保证能被录取。

第六篇

怀化学院图书馆   拍摄人：龙晓勤 时间：2011 年

初识君

砥砺跋涉，岁月流金。怀化学院坐落于"五省通衢"之城——湖南省怀化市，染雪峰山之灵秀，汲潕水河之神韵，是祖国"西南明珠"里的一所应用性地方本科院校。学校创办于1958年，前身为怀化师范高等专科学校，1998年开办本科教育，2002年经教育部批准升格为全日制普通本科院校，2004年获得学士学位授予权，2012年通过教育部本科教学工作合格评估。

这是怀化学院官网上的学校概况。

我永远也忘不了第一次踏入怀化学院时的场景，虽然那么多年过去了，但时至今日仍历历在目。

报名那天，我有一种逛超市的感觉。踏进学院的大门，长长的主干道两旁都是卖生活用品和办移动卡的，要不是看到主干道两旁还设置有那么一两个迎新生的接待点，我差点以为自己是去学院购物的。

学院校园的风景很美，染雪峰山之灵秀，汲潕水河之神韵，官网这两句话形容得很贴切。

学院绿化面积很大，主干道两边种满了各种树，我闻到了桂花香。那些桂花树很浓密，我在树下面看到很多拖家带口的蚊子，它们在那里"色眯眯"地迎接新生。

篮球场旁边的月亮女神和图书馆前的荷花池很独特，一看就是谈情说爱的好地方。那个荷花池我早就见过，在我的录取通知书上。只是报名那天并没有看到一朵荷花，它更像一潭死水。

和我家那一亩三分地相比，怀化学院很大，它占地有1158亩。如果让我奶奶全部用来种庄稼，那绝对吃都吃不完。

我们班导是大二的学长彭旮强同学。开学那天，他全程接待我们一群新生，从怀化火车站一直陪送到西校区14栋男生宿舍。

他还热情地帮我父亲拎被子，这可把我父亲感动得都不知道说什么好了。父亲记得别人主动帮他拎被子的校园情节，还是在他上小学五年级去大岩村住校时。

我认识的第一个大学同学是在男生宿舍里。

我以为那天宿舍里没有人，但在我选床位时，一个同学突然从厕所里推门走了出来。

他上身裸露，下身穿一件蓝色牛仔裤，脚踏绿色人字拖。目测一米七左右，身材属中等，不过很壮实。他的眉毛、眼睛、鼻子、嘴巴、下颚单拆开来看很普通，但混搭在一起有一种出其不意的痞帅效果，就是头的尺码略微有点大。

他见到我很兴奋，好像已经很久没见过人的样子，还主动上前跟我握手。

"同学，您好，我叫吕显勇，来自四川绵阳。"他不是用普通话跟我打的招呼，而是用四川话。

我能听得懂四川话，它跟吉首的土家话很接近。

也不管吕显勇上完厕所有没有洗手，我出于礼貌也迎了上去。

"您好，我叫龙晓勤，来自湖南湘西。"我也自报家门说。

在上大学之前，我很少用普通话跟别人交流，哪怕是在学校里。大湘西的官方母语是土家话，它渗透在我们生活日常的每一个角落。第一次用普通话跟别人交流我总觉得有些别扭。

吕显勇真的很热情。在结束了握手动作后，他从牛仔裤的屁股后袋子里掏出一包香烟，从中抽出一根递给我说："来支烟？"

那香烟皱皱巴巴，被他屁股蹂躏得实在不成烟样，我摇头婉拒了。我曾经发过誓，无论别人怎么跟我客气，我都不会抽和别人屁股接过吻的香烟。

吕显勇又把香烟递给了我父亲。父亲犹豫半刻后，伸手接了。

父亲那天很反常。他异常的兴奋，好像上大学的人不是我而是他一样。

一开始父亲并不知道我考上了大学。他一直在市里做生意没有回过乡下，而我也从来没有向任何人提起过，除了母亲和我姐之外。

事出偶然，我们村的村医去县里进药，他在民中的金榜上看到了我的名字，然后消息一下就在村里传开了。

父亲在饭店里听到的消息是：你儿子是我们村建村以来的第一个本科生。这个噱头让父亲的虚荣心得到了极大的满足，就差溢出体外了。开学那天，他还执意送我去上学，很是兴奋。

其实，一开始我并没有打算去学院报道，因为怀化学院离我在自己房间墙上立志的目标大学相去甚远，再加上家里经济困难和父母离婚事件，闹得让我没有了上学的心思，高考结束后我是打算弃学去打工的。

奶奶在得知我要外出务工后，一脸不悦，语重心长地劝我说："我的乖孙子，不要出去打工。现在村里很多地都荒了，你可以把它们承包下来种粮食，准能发大财。"

但我不想在家里种田，我只想去外面打工赚钱。

事件的转折点是因为我姐，她在得知我考上大学却要弃读时，隔着电话把我劈头盖脸地骂了一通。她说她在外面的世界尝尽了没有文化的苦，而我却身在福中不知福。所以最后我又去了学院报名。可能是命运的安排吧。

我的大学生涯从认识吕显勇那一天正式拉开了帷幕。

我给吕显勇贴的标签是："睡在我下铺的死党"，"一起溜了四年旱冰的基友"，"一起从五溪广场尾随大三音乐系学姐回校的少年"，这些标签都对应着同一个人。

我在大学选修的是物理与电子信息工程专业，这门专业极其神秘，神秘到我第一次上课时没有找到教室。

我对大一的印象有军训、迎新晚会、辩论赛、学生守则考试、广播体操比赛等。不过，那些并不是我想讲的主题。我想讲的主题是困扰我大学整整四年的费用问题。

因为母亲工资不高，所以我大学的学费和生活费很大一部分是来自我姐。

若要因为我的四年学业而搭上我姐四年的宝贵青春，那不是我想看到的。我不想过寄生虫般的生活，更加不想欠我姐那么多，那也是我不想读大学的一个原因。我姐活得越伟大就显得我活得越渺小。所以如何挣钱减轻家里的负担成了我大学四年一直在思索的事情。

我首先想到的是院里的奖学金，但当我发现我们班有的同学是孤儿时，我打消了这种想法。我觉得奖学金应该给那些成绩比我更优秀、家庭条件比我更困难的同学，他们更需要这笔钱。

所以我去做了兼职。

我曾发过传单，在学校附近的酒吧里当过服务员。但兼职的收入着实有限，不足以减轻家里的经济负担，所以我又去找暑假工。

想在怀化市区里找一份仅做两个月的短工并不是一件容易的事儿。

大一的暑假，我和吕显勇在怀化的大街小巷里连续奔走了好几天，却没有找到一份合适的工作。有一天，我们就单纯坐在火车站前面的石阶上尬聊了几个小时。

我决定另谋出路。我要去浙江投奔我姐和母亲。

我大学高额的学费让我和我姐的关系变得有些微妙起来。每次给她打电话或是发消息，她的下意识都是以为我在向她要钱。

在我们姐弟的日常嘘寒问暖中夹杂着一股浓浓的金钱意味，我甚至都能想象得到我姐在收到我信息时那想看又不敢看的挣扎表情。

那次也是一样。

我很兴奋地跟我姐打电话说："姐，近来可好，我很想念您……"

我的话还没说完，我姐就打断我说："弟，你这份想念值多少钱？"

我姐以为那又是我自导自演的一出想讨好她索要生活费的肉麻戏。

我在电话里以一种晚辈的低姿态"训斥"了我姐一番。我跟她说电话是可以传达不夹杂金钱的纯思念之情的。

我姐听了很惭愧，一直点头附和我的说法。

当我姐知道我要去宁波打暑假工时，她很高兴。当我告诉她我打电话其实是想叫她帮我买张从怀化到宁波的火车票时，我仿佛听见她在吐血的声音。

不过，我姐还是帮我买了单。我去了宁波，那是我第一次南下。

断肠人在天涯

枯藤老树昏鸦，小桥流水人家，古道西风瘦马。夕阳西下，断肠人在天涯。

马致远的《天净沙·秋思》我在初中时就学过，但曲描绘的意境我却体会不了那么深。

字我都认识，诗句的意思我也能理解，但我是一个大山里的孩子，在现实里从来没见过乌鸦、古道和马，所以我对诗的理解流于表面。我没有那种真实体验感，也无法完整地勾勒出整个诗呈现出的黄昏悲秋图。

我曾去过一个跟《天净沙·秋思》这首曲里意境很相近的地方，那个地方是宁波的古林镇。

古林镇是一个古色古香的江南小镇，那里有枯藤、老树、昏鸦；有小桥、流水、人家，有古道、西风、瘦马。这也是我为什么到古林镇最先想到《天净沙·秋思》这首曲的原因。

我母亲有一部分在外漂泊的生活我没有参与过，尤其是从她第二次离家出走到我高中毕业之间的那七年生活。不过，后来通过母亲的讲述和自己的亲身经历，我用想象力填充了那部分空白。

母亲第二次离家出走时来到了宁波古林，跟着一个熟人进了一家做衣服的工厂。她只懂得缝纫的技术。

刚来宁波时，她住在俞家村。

那七年里，她跳过几次槽，不过都是做衣服加工这一行。她搬过好几个地方，像夏家村、鹅颈村，还有集仕港，不过从没有出过古林镇。

于是我脑海里出现了这样的画面：

1999年的春天，一个经历失败婚姻，对人生彻底绝望的可怜女人流落到这个江南小镇。她住在流水小桥之上的人家，每天和枯藤老树昏鸦做伴。夕阳西下，她骑着瘦马穿过古道来到海边。无数次她想把自己的生命交给大海，但她信奉的鬼神和海风一次又一次把她推回了岸边。然后古林镇就变成了收容一个伤心欲绝的可怜女人的栖身之所。

我突然对《天净沙·秋思》有了一种想象的体验感，我能勾勒出曲里呈现出的黄昏悲秋图，是母亲赋予了这首曲灵魂实例。

2008年的那个夏天，我体验了母亲那七年的生活。我进了他们的厂——溢嘉制衣厂，借着她和我姐的关系。

在那之前，我从来没有进过工厂，也没有做过普工。终于，我也体验了一把流水线工人的生活。

那种机械生活让我麻木。每天早上七点半上班，一直做到晚上九点钟才下班。一天到晚就是在机器旁边坐着。每个月通常休四天，但有订单要赶货时，会一直连班，有时一个月都不休息。

母亲很享受这种生活，她觉得针线的手头活儿很轻松，相较于在太阳底下扛树根或是沉重的农活儿而言。

母亲就那样一直过着轻松的工厂生活，加上缺乏运动，慢慢开始发福变胖，七年之后她成了我在高中补习时遇见的模样。

我在溢嘉制衣厂上班的那两个月里发生过许多有趣的故事。

上班的第一天我意识到自己一个大老爷们去工厂里做女

人的针线活儿是一个非常不明智的决定。我觉得自己向母亲提出去他们厂上班的决定下得太过草率。

我做的那道工序叫褶边，我姐她们是这样称呼它的。

之所以选这个活儿，一来是因为这道工序工价比较高，二来是我姐可以带我。

这个工位需要踩褶边机，要穿针引线。

说实话，我在学校实验室用电络铁焊电路板轻而易举，哪怕引脚再细，我连放大镜都不用。但穿针引线，我就算用显微镜都觉得特别费力。

踩褶边机很考验手脚协调能力，很明显我缺乏这种能力。

刚开始我褶废了不少布料。很多次，我姐戳着我的脑袋说："弟，你好歹也是一个大学生，连这点针线活儿都整不明白吗？这件裤子你里外两面褶反了，我已经跟你说过八百遍了。"

刚开始我有很多半成品都需要我姐二次返工，特别影响她赚钱的速度，在那一段时间，我姐对我的说教很多时候都是泡沫横飞的。

要不是我们有血缘关系，我估计她也不是很想认我这个弟弟。

后来，我花了整整一个礼拜才把那套东西整明白。

我是在进服装加工厂后，才算是对做衣服的整个工艺流程有了一个比较全面的了解。

做衣服的业务流程并不算太复杂，但对于外行人来说也绝不算简单。它里面的工序被切分得比较细，有验布、裁剪、钉珠、绣花、缝扣子、滚领、褶边等，有些特定的工序还需要用到特定的机器。

母亲做的是平车。平车是用一根缝纫线，在缝料上形成一种线迹的机器。这道工序不算复杂，但要缝制出线迹整齐美观且均匀牢固的效果也是需要时间磨炼的。

母亲的造诣很深，就是在穿针那个环节很费力，她的视力越老越差。

在工厂车间里上班的人文化程度普遍都不高，基本上都是这个社会最底层的人。不过，正是因为这一点，他们给我的感觉很真实。

有一件事是发生在溢嘉制衣厂车间里的。

在我还没去宁波前，母亲跟车间里所有的工友说我考了个二本。算命大师的预言成真了，母亲很高兴，逢人便讲。

母亲有一个工友叫夏姨，她女儿和我同年高考。

夏姨说她女儿考了三本。

母亲听完后的第一反应是夏姨的女儿考得比我要好，因为三比二大。出于虚荣心，母亲改口说我其实不是考了二本，是考了二十本。

我能想象当时那场面，车间里大家都停下手里的针线活儿向我母亲投来羡慕的眼光。母亲春风得意，不可一世。

母亲根本不知道录取批次跟成绩排名一样，是越靠前越优，而不是单纯比较数字大小，也根本没有二十本的概念。

我上班的第一星期在车间里帮那群大叔大妈普及中国高等院校划分标准和录取批次的概念，花了整整一个上午的时间。

暑假的两个月在我和车间里的那些大叔大妈的玩笑中不知不觉就过去了，我挣了三千多块钱。

虽然钱不是很多，但我从小到大第一次见到那么多钱。我买了一个诺基亚手机和几盒巧克力。

事隔多年，当我再次和母亲同住一个屋檐下时，我觉得特别不适应。母亲对我的过分关心——十九岁时还帮我洗衣服——让我觉得很不自在。

我能感觉到母亲一些细微的变化。她只喜欢吃白色甜味的巧克力，而不喜欢吃黑色带有苦味的巧克力，她好像突然怕吃苦了。或许母亲从来都不喜欢吃苦，是我被她曾经的勤劳和能干的外表所误导罢了。

母亲不习惯用铝筷子吃饭，她解释说是铝筷子太滑夹不了菜，其实是她的手不再像年轻时那么灵活了。她只是不愿意承认。

母亲对我也同样有些不适应，她对我的印象仍停留在我六年级背着书包从天平岩去大岩村上学的那一章节。那时我还是一个小屁孩，而不是一个阳光少年。

母亲一直以为在她离开后，我会成为社会上的地痞流氓。整天做一些放火抢劫、打架杀人的勾当。她也曾想象过七年之后透过铁窗看望我的情景。不过，从她的视角看，我不是坐在教室里而是坐在牢里。

我和母亲都在重新适应彼此。不过，我并不担心之前的改变会影响之后的生活，因为爱一直都在。

关于我姐，那么多年过去了，她盗用我的名字的嗜好依旧没改变，厂里人总叫我晓勤的弟弟。

还有一次，我们一家三口在古林公园打乒乓球。篮球场上有几个帅小伙子在打篮球。

中场休息，我姐去上厕所经过篮球场时，那几个帅哥停下来一直盯着我姐看。

我姐戴着花草帽和炫酷的墨镜就那样在众目睽睽之下冲进了男厕所。

几秒钟后，她又从男厕所冲回了女厕所，草帽压得很低。

我没看到这一幕，我只看到母亲眼泪都笑了出来。

我知道我姐是想谈恋爱了。

我很替她担心，车间里有很多不错的男孩子，她一个也看不上。别人也给她介绍过好几个对象，她也看不上。

我不知道我姐是一个爱情理想主义者还是我父母的爱情和婚姻给了她一个错误的示范，让她误解了爱情。我很担心她会步母亲的后尘，在她坚强的外表之下是一个很敏感的小女人。

我不在乎我姐期待的那个白马王子何时出现。我只希望他的出现能给我姐一个美满幸福的下半生。

我们姐弟间从来没有谈论过感情方面的话题，因为我也是白纸一张。不过，我相信爱情和婚姻本身是美好的，只是有些人经营不善罢了。

我一直叫我姐去参加成人考试或自考，我说我可以帮她，但是她已然没有那个心思再念书了。

曾经，所有到过我家做活儿的木匠都夸我姐小时候是一个特别聪明的孩子，是块读书的好材料，我从小到大也见证了这一点，但种种原因，她没能向所有人兑现她的天赋。

溜冰场的邂逅

在经历了几年高强度的高中学习后，很多同学在大学期间会表现出一种很放纵的姿态。再加上老师考试划重点和学生考试带小抄的绝活让很多同学没有了学习的压力，于是大家把很多的课余时间和精力都投入学习之外的其他"科研"项目上。

继篮球竞技和游戏竞技之后，斗地主成了我们男生在宿舍里打发无聊时间的新科研项目。

我见证了那段峥嵘的斗地主岁月。虽然谈不上特别痴迷，不过好像也没有缺席过几场，也经历过无数次八炸六十四番的大场面。

斗地主并不是占据我周末时间最多的活动，溜旱冰才是。

我和溜冰结缘全是吕显勇的功劳。

我认识这个四川佬的第一个礼拜他就怂恿我去溜冰。我没有理由拒绝他，因为他说溜冰是大学泡妞最实用的战术，也是牵女孩子手最直接、最快速、最有效的方式。我才疏学浅，没有找到说辞去反驳他这一论点，于是这一溜就是整整四年。

我和吕显勇每个周末都会去东校区旁边的五溪广场溜冰。除了雨雪天外，很少有例外的。

我在溜冰场邂逅过很多的女生，也牵过很多女孩子的手，但从来没有一种被电的感觉，直到那一天的到来。

我记得在大二的上学期，刚开学没多久，有一天周末的晚上，我和吕显勇跟往常一样在五溪广场里溜冰。

我们刚换上溜冰鞋还没溜上几圈，隐约中听见有人叫我的名字。我回头看了一眼，大门铁栏杆的围观人群里有一张熟悉的脸庞在向我挥手。

那个人是我高中补习班玩得最铁的哥们——鸭子。

每一次见到鸭子，我总能想起那个大冬天在党校澡堂里洗冷水澡发出杀猪般叫声的风骚少年。

我和这个风骚少年以大学校友的方式延续着高中的友情，那是一件妙不可言的事情，虽然我们在不同的校区。

可能是一个暑假没有看见我了，鸭子见到我很兴奋，给了我一个大大的熊抱，差点没把我当场抱窒息了。

"兄弟，介绍个学妹给你认识。她叫娜娜，也是我们湘西保靖的。"

我注意到鸭子旁边站着一个女生，但我一直以为她只是一个围观的观众，所以鸭子的话让我有些意外。

那是我第一次见到娜娜。路灯投射的光线很暗，我看不太清楚她的样子。还没等我开口，她先开了口。

"学长您好，我是大一新生杨娜娜，中文系的。学长，怎么称呼？"

"我叫龙晓勤，大二，物信系的。"我说。

"晓勤？"她笑了笑，"学长，您这名字怎么听起来这么像女生的名字。"

"杨娜娜同学，我觉得我们不应该把名字性别化，这样对它们很不公平。"

名字的问题我已经被问过无数次了，心中早就有一百种应对的答案。

娜娜笑了，她笑得很文雅。

"鸭子，你们要不要一起溜冰？我请客。"我转移话题说。

鸭子摇了摇头表示没有这个嗜好。

鸭子是不会溜冰的，我们在补习班时一起溜过一次，那一次他一举赢得了"鸭子"的称号。

不过，娜娜想溜冰。最后，鸭子也只得硬着头皮上。

娜娜在小店向溜冰场老板买票换鞋的那一幕我永远也忘不了。

她一身白色的连衣裙依靠在窗前，灯光将她纤细的身影一直拉长到溜冰场中间。蜡黄色的灯光映射在她脸上，就好像电影里特意为女主角出场时打的聚光灯。她的五官很精致，我看到了一双会说话的眼睛，马良神笔勾画的鼻梁，性感的红唇以及一头无风自动的长发。

在娜娜伸手去接溜冰鞋时，一阵风掀开她垂下的头发露出了一颗耳钉。那颗紫色的耳钉在灯光照耀下显得格外地耀眼，那一刻，我的心有一阵莫名的酥麻。

我不知道用"酥麻"二字是否能准确形容当时我心脏传给大脑的那种奇妙感觉，不过我知道是体内的荷尔蒙在作祟。那种感觉我曾经有过。

杨娜娜是第一次溜冰，一眼便能看得出来。

她在穿上溜冰鞋后，走路摇摇晃晃，好几次差点因为失去重心而摔得人仰马翻。

学长扶学妹那是道义和责任使然，我义不容辞。

我不相信人类的细胞在接触时会产生电流，不过，当我的手触碰到娜娜手的那一刹那，我有一种被电击的感觉。

我在带娜娜入场时，脑海里一直在想一个问题：我要怎么样才能给她留下一个永生都无法磨灭的初印象，就像她给我的那样。

我在教娜娜溜冰时她经常摔倒。她是一个初学者，就跟一个刚学会走路的小孩子一样根本控制不了重心，五步一小摔，十步一大摔。

而且那个露天的溜冰场很混乱，增加了娜娜摔倒的风险。有人倒向溜，有人正向溜；有人顺时针溜，也有人逆时针溜；有人在内圈侧溜，也有人在外圈跳溜；还有很多高手在最外圈手拉手组火车急速倒溜。大家很容易撞到一起。

那晚娜娜摔得很重。那个溜冰场是水泥地板，任何人肉之躯和地面碰撞摩擦，不是青肿就是脱皮见血。我在初学时早已经体会过那种滋味。

有一次我带娜娜在最外圈溜冰时，她直接被撞飞了。最外圈的那些高手溜起来跟开赛车一样。她的膝盖磨破了皮，裙子都有血迹。

我在分析娜娜摔倒的原因时唯一没有提到的一点是我在故意摔她，这才是最重要的一点。

我想掩盖这个事实——我故意给娜娜制造刻骨铭心的痛来增加她对我的记忆。

我觉得自己有些变态。我不太敢直视自己扭曲的内心，于是就把一切说得那么理所当然。

但如果不那样做，我担心娜娜的余生可能不会有关我的任何刻骨铭心的记忆，这才是我内心的独白。我害怕自己抓不住那段令我冲昏头脑的爱情，我的人格开始分裂，本我主导了我的人格。

我的目的达到了。我们四人从溜冰场出来时，娜娜身上青一块紫一块的，裙子上还有血迹。

第二天，我又去给她送跌打药。

小作家

通过堆积大量华丽的辞藻来形容一个女生的才华并不是我的强项，我同时也觉得这种写法太过千篇一律。我想另辟蹊径。

我曾在网上读过一篇文章，它是这样写的：

冷不丁的，发现自己快要二十四岁了，生命的大树上又要再添上一圈年轮。我想，如果生命安然平稳，不出任何意外的话，可能我生命的三分之一已经变成了回忆。如果再短点的话，我可能已经过完我生命的二分之一了。

有时候，回望过去，总会不由得生出一丝感伤。每翻过生命的一页，觉得自己没留下什么，像雁过无痕，想到生命的列车在向死亡推进，会不由得感到战栗和恐惧。是的，我还没有做好准备面对死神，总担心自己想做的事还没有完成就离开了，所以我告诉自己要让生命过得有意义。

回望自己二十多年来，我一步一步循规蹈矩地走着。小学、初中、高中、大学到参加工作，也许步履蹒跚，也许脚步不稳，但我还是按照年少憧憬的那样长大，静静地等待自己走过人生的一个阶段，然后又迈向下一个征程。

小学时，希望能快点长大，能像初中生那样抱着课本，背着大大的书包，浑身上下洋溢着书生气息。

初中时，希望能快点进入高中，幻想放学后能像他们一样骑自行车回家，带着青春的蓬勃朝气。

高中后，又希望能考上理想的大学，不辜负父母的期望。

大学后，又期望自己能找到好工作，带着对未来的笃定自信地前进。

生命一直被计划着，但又在变化着。生命一切的推进和憧憬那么地相似，但慢慢品味，又是那么地不同。

站在奔三的路途上，我和年少憧憬的一样。顺利地走过自己的学生阶段，顺利地找到自己满意的工作，过着自己曾经憧憬的生活。可是我明白，一路走来，虽然外表依然是那个憧憬的外表，但是内心却已经发生了质的改变。

我没有像原来憧憬的那样，快乐是超然和随意的；

我没有像原来憧憬的那样，理想像坚不可摧的磐石；

我也没有像原来憧憬的那样，对这个世界充满全然的信任和期待。

偶然清理家中的书柜，翻出一本本自己现在很难静下心来啃的名著，才回味起在高中上课时偷看的入迷。

碰巧看见上下学的高中生，感叹他们青春的勃发。易时易地而处，时光竟然如此催人老去。蓦然看见曾经的同学录，才想起同桌的他，前后桌的他们，还有下课吵闹的走廊。

刚踏入社会，茫然又无助。无数的困难会像庞大的军队阻挡生命前进的路。

在这里，我会担心是否能胜任自己的工作，会担心收入是否能匹配日益攀升的房价，会担心能否活得有尊严；

在这里，我会慢慢收敛锋芒，变得成熟、世故；

在这里，我似乎充满力量。我发现能改变的事情很多，但不能改变的事情更多。

时间这个魔术师可能会把你变得都不像自己。

惊叹时间的魔力，怀念年少青涩的自己，一直怅然若失没能长成年少时期待的我，然后他曾告诉我："只要心怀感恩和梦想，时间就能带你去你想去的地方，变成你想成为的样子，要给时间一点时间。"

我告诉自己：不要怕生命路上的困难，正是这些困难才成就了生命的丰盛。不要怕失去自己的青涩和冲动，这正是时间的魔力，把你变成你年龄段该有的样子。

有着敏感的自卑心，却又高傲自信；充满善良希望帮助别人，却又害怕上当受骗；怀着希望，却又害怕失望；期待爱情，却又畏惧爱情的幻灭；痛骂着这个社会，却又相信着这个社会。这就是矛盾的我，这就是渐渐长大的我。

我还是需要带着这样的我，继续长大，继续在人生的旅途踽踽前行，继续变成憧憬中的我。

我看到这篇文章下面有很多的评论：

"好美的文字""文艺范十足""有文学大豪的味道""没想到你可爱的外表下是一个细腻的文艺小青年""加油哦，生活会给你很好的回报的""文章里洋溢着一种积极乐观的人生态度"等。

上百条评论都是对作者的赞美和欣赏，无一例外。

如果要我给这篇文章写评语的话，我会写：作者的文笔很细腻，通过她的文字，我能很快融入她的小小世界，了解她是一个什么样的人。

我应该给这篇美文注明出处，它出自娜娜 QQ 空间里的日志，作者是她本人。

娜娜有记日志的习惯。阅读她的日志是一种享受。她的文笔出众，语言幽默风趣，玩弄文字就像小孩子玩弄玩具，字里行间中彰显出知青女性特有的魅力。这一点深深吸引着我。

娜娜的文字在网上俘获了一大批忠实的读者和粉丝，还有人封了她一个响当当的称号——小作家。我想这个称号能说明我想表达的一切。

我也有记日志的习惯，但我没有娜娜那样的文笔。在和娜娜相处的过程中，我找到了我们差别的原因——她有一个非常好的阅读习惯，而我没有。长期的知识积累让娜娜成了一个思想独立、平凡却不平庸的女知青，这是她最吸引我的地方。

如果说一个女生愿意和一个男生单独一起吃饭，一起看电影，一起去广场溜冰游湖意味着她对他也有兴趣的话，那么娜娜已经向我证明了这一点。

但认识近两个月了，我和她从来没有接过吻，更加没有做过情侣之间才有的专属事情，除了在溜冰场牵过手之外。

那年我二十岁，虽然我有很丰富的暗恋经验，但实际恋爱经验却是零。

我不太清楚男女从友情升华到爱情的那个过程是怎么样的。它是不是需要特别说明，或是进行某个庄严的仪式，才能宣告两个人的友情正式转化为只属于彼此的爱情。

有时候，我真希望娜娜是一件物品，这样我就可以直接在她脖子上挂一个标签：此物品已归龙晓勤所有，谢绝参观。

我决定按照自己理解的方式去尝试。

有一次，娜娜从东校区来我们西校区图书馆借书。

在图书馆前，荷花池旁边，柳树下的草地上，我问娜娜说："娜娜，你知道公鸡的形状是 V 形的，对吧？"

她想了想，然后朝着我点了点头。

"那你知道，用什么工具可以准确地计算出 V 形公鸡的长度吗？"我追问。

这个问题有点拗口，一开始她并没有听懂。连问了我三遍后，她才勉强理解题目的意思。

娜娜回答问题很认真，显得很可爱。她把能想到的测试工具都说了一遍，像直尺、卷尺之类的。

但我都说不对，然后她直接宣布投降了。

"我不知道，你直接说答案吧。"

"答案是微（V）型（形）计算机（鸡）啊！"

她终于听懂了，我原来是在讲一个计算机专业的冷笑话。

娜娜很喜欢听笑话，尤其是冷笑话。在她的潜意识里，所有通过谐音制造出的硬逻辑笑话，她都觉得特别滑稽，笑起来特别夸张。于是，我总喜欢讲些笑话给她听，那是我们相处的日常。

我喜欢看娜娜笑的样子，它让我觉得我们之间的超友谊是一段欢乐夹杂在鲜花和巧克力之中的莎士比亚浪漫式剧情。

那天那个连谐三个音的"微型计算机"冷笑话并没有收到我预期的效果，娜娜只是莞尔一笑。我意识到跨专业的笑话会引起认知受限而使效果折损。

"晓勤，你知道吗？有时，我觉得你非常聪明，很有创造力，特别地与众不同。我能看得到你的未来。"娜娜笑完后对我说。

"那你看到的我的那个未来里有你吗?"我觉得爱情需要一个确认的动作来标识它的开始，所以我表白了，以自己理解的方式。只是我说话的声音很小，好像身边的蚊子发出来的一样。

娜娜思索的那几秒钟漫长得像是过一个世纪。我坐在她身旁就像一个等着被法官宣判的犯人。我不知道自己为什么那么没有底气，可能是她太优秀了，也可能是我把那份感情看得太重，害怕会遗憾终生。

半晌后，娜娜终于开口了。

"我不知道我会不会出现在你的未来世界里，但我愿意出现在你当下的世界里。"

那一晚，我吻了她……

黔驴技穷

大二的暑假，娜娜回家后，我并没有再去宁波。

我并不是不缺钱，只是觉得进工厂的行为和知识分子的标签不太匹配，我一直在寻找能和自己身份地位相符的勤工俭学方式。

暑假工的工作在怀化市不好找。一个偶然的机会，我看到学院里有学长去做家教，于是果断地加入了家教的革命队伍。

我打印了几十份简历，但却没有去人才市场派发的勇气。给旅行社发传单我敢，但自我推销发简历，还是算了吧。光是想想别人向我投来的异样目光，我就觉得自己无处遁形。

我买了两瓶胶水，将简历偷偷摸摸地贴满了鹤城区。什么小区宣传栏、天桥下、路边广告宣传栏等，只要别人贴过广告的地方，我都贴上了自己的简历。

我在贴简历时发现怀化家教这个行业竞争很激烈。

一路上，我看到不少优秀的简历，很多都是我们学院的，还没有包括那些大大小小的培训机构的宣传单和广告。

那些简历写得很花哨，字里行间里我都能看见有水分在源源不断地渗出。和他们相比，我的简历逊色太多了。

贴完简历后，我一直在宿舍等电话。我心里特别没谱，我不知道自己几十份简历能否换来一个家教电话，我并没有那么出众。

第一天过去了，我没有接到任何电话。我查过手机，并没有欠费停机。

第二天下午，我终于接到了一个陌生人的电话。

电话响时我特别激动，我仿佛看到白花花的银子在不远处向我招手。在接电话时，我还特意很礼貌地做了个自我介绍，普通话的发音特别标准。

电话另一头是一个男性的声音，他开口的第一句话让我终生难忘。

"是你在商业中心桥下贴的小广告吗？这里不能贴广告你不知道吗？"

给我打电话的是城管，我到处贴简历的行为已经影响到了怀化市容市貌。

其实我也不太明白，我贴简历的地方是能贴广告的，起码我认为是能贴的，因为我看到上面有其他的广告，但城管还是找上了我。他的语气并不是那么友好，我只得又跑去他指定的桥下撕简历。

不过，这只是我在找家教时的一个小插曲而已。

那一天下午，我接到了第二个电话，接到了自己的第一份家教。

后来我又接到第三个、第四个电话。

初中参加过数学奥赛，高中就读于奥赛班以及曾考取过湖南长沙理工大学的过往让我在竞争激烈的家教市场里占有了一席之位。

后来的暑假，我一直在做家教。

在大学期间，我总共带过四个学生，印象最深的一个叫彭贵兵，他是我的第一个学生。

彭贵兵家的经济条件很不错，家里装修得很豪华，又是在怀化市区最豪华的商业中心地段。他母亲在商业中心还有自己的门面。不过，这些都不是我对他印象深的原因。

我第一次见到彭贵兵时，他把自己关在房间里不愿意出来见我。

单亲家庭孩子的性格多少都有些缺陷，彭贵兵就是一个例子，他父亲在他很小的时候出车祸去世了。

在我的理解里，正常家庭搭建起来的爱框架和爱结构，在单亲家庭里是有模块缺失的，所以单亲孩子的性格中自然而然会缺少一些正常孩子所拥有的东西。

彭贵兵从小性格就比较孤僻，沉默寡言，所以成绩一直都很差。

在我之前，阿姨曾给他请过一个女家教，也是我们学院的。但彭贵兵对那个女老师似乎有些抵触，所以阿姨又把老师给辞退了。

我很庆幸的一点是彭贵兵并不排斥我，相反在见到我后很喜欢我，可能冥冥之中，他觉得我和他是同一类人。

我以为家教的工作会很容易，事实上它比我想象中要难很多。

彭贵兵数学的基础知识很薄弱，感觉从小到大欠了老师很多的知识债。我在他身上看到了家长们请家教补习的共性。

我在帮彭贵兵讲到一个数从不等号的一边移动到另一边要变号的简单规则时，他怎么样都理解不了。

他问我："龙老师，为什么一个数从不等号的一边移动到另一边一定要变号？不变号不行吗？"

那一刻我脑袋突然短路，一下子不知道如何解释。我压根没有意识到这会是一个问题，而我本身也从来没有想过这个问题。

我把自己已理解的知识想成理所当然，而忘记去思考它存在的合理性、它的由来以及它本身的对错。

可是我为什么没有往这方面思考呢？我在寻根究底。

我脑海里闪过几个词：固化思维、经验主义、填鸭式教育。我看到它们在我的脑海里相互作用。

我想了很久要怎么回答彭贵兵的问题。

然后，我跟他解释说这是一种约定俗成的运算规则，就像做减法运算时，如果低位不够会向高位借一样。运算规则是人为约定的，是没有原因的，移动就一定要变号。

他似懂非懂。我不知道他有没有听懂。可能我自己也没有描述清楚。

最后，我跟他说如果不理解就死记下来，然后学会运用就可以了。

彭贵兵并不是一个特别聪明的小孩子，很多知识点我给他讲通理顺了，但他不能举一反三。

他的记忆力也不是很好，今天讲明天忘，所以我的补习工作非常吃力。

当然，我自己也有不可推卸的责任。

当我第一次站在一个授业者的角度去给别人传授学习经验时，我显得有些捉襟见肘。

很多我认为是显而易见的逻辑，在学生的角度可能有时会理解不了。而且当学生身上并没有展现出那种对于知识的敏感力度和正常孩子该有的逻辑思维能力时，我居然不知道如何突破这一瓶颈。

我对彭贵兵格外用心。我是发自内心地想帮助他，不是因为很多时候他母亲留我在他家吃饭。

虽然他母亲每天只付我两个小时的工钱，但我在他房间里泡沫横飞的时间通常都超过这个时限。

为了提高彭贵兵的记忆力，我给他分享了当年我上初中时使用过的各种超级记忆的方法；为了培养他的逻辑思维能力，我甚至把亚里士多德的形式三段论都搬了出来。

但收到的效果是微乎其微的，我有点黔驴技穷的感觉。

天底下没有教不好的学生，只有不会教书的老师。我很自责、很苦恼，觉得自己很失败，于是我打电话向娜娜述说了自己的苦恼。

"娜娜，我没和你开玩笑，我从来没有见过那么笨的孩子！"我一本正经地对娜娜说。

"那你现在不是见到了吗？"娜娜说。

"娜娜，我没有心情和你开玩笑。我已经黔驴技穷，我想我可能要放弃了。"我说。

"亲爱的，别轻言放弃。"娜娜终于放下她开玩笑的口吻，宽慰我说，"你那么聪明总会有办法的。"

"我已经尽力了，可能我不是当先生的料。"我说。

"亲爱的，你要学会因材施教。"娜娜仍很耐心地开导我。

我希望借助娜娜的聪慧能突破僵局，这是我给她打电话的目的。

娜娜没有让我失望，她给了我很多很有建设性的建议。

她有一句话说得很对：要改变彭贵兵的成绩，可能要改变他孤僻的性格。

我听进去了，透过现象看本质，彭贵兵成绩差是他性格孤僻引起的。

我能想象彭贵兵在学校的生活：一个人呆呆地坐在位置上，不喜欢和同学讲话，上课有不懂的地方也不敢张口问。久而久之，欠的东西越来越多，成绩越来越差，给人感觉越来越笨。然后他就开始排斥同学和老师，如此形成一个恶性循环。

如果能改变彭贵兵的性格，把他变得开朗一些，这不仅对于他的学习有帮助，而且对于他的整个人生都是有好处的，那将会是一件很有意义的事情。

娜娜的话对我有醍醐灌顶的作用，我决定往这个方向发力，虽然我知道要改变彭贵兵的性格可能要比改变他的成绩更难百倍不止。

我向阿姨提议不在家里补习，而是带彭贵兵去我们学校补习。我向阿姨解释说让彭贵兵感受一下大学的气氛，这可能更有利于他的学习。

阿姨是一万个乐意，她站在为孩子找到玩伴的立场。

所以，后来有一段时间，我们是在宿舍里补习的。我还带彭贵兵去图书馆看书，带他去打篮球，带他去五溪广场溜冰，在课余时间。

我希望能把他带出他自己设立的那个孤寂世界，回归现实世界。

在我们的关系从师生变成了好朋友后，我发现彭贵兵的学习有明显好转的迹象。

两个月后，我向阿姨要了点钱在新华书店买了一套初一的数学笔试题。彭贵兵考了八十多分，我看到阿姨脸上泛起的笑容心里也特别地开心。

令我没想到的是，升初二时，彭贵兵又被打回了原形。

我仍想给他补习，在大三暑假时，但阿姨放弃了。我不知道她是对我没有信心还是对自己的孩子没有信心。

虽然彭贵兵的家境和他能接受的教育条件比我那时要好很多，但我仍替他的前程感到担忧。不过我能做的不多，除了给他祈祷之外。

我的四份家教工作都没有取得过特别令我满意的成绩，这是我在毕业后没有听从母亲和娜娜的意见走上先生这条道路的直接原因。

我看得越重就越觉得教育的责任重大，就越觉得自己不是那个能改变别人命运的人。

初出茅庐

荒废学业、玩物丧志是我在大学期间做过最愚蠢的事儿，六十分万岁的学习观念让我付出了沉重的代价。

我们所有的专业课在大三时便结束了，所以大四是实习期。

有一些企业来我们学校搞校园招聘，我们班很多同学都去现场应聘了，也包括我。不过，因专业知识不够过硬，我连问答环节都没能通过。

我们学校跟广东的一些名企有合作，所以我们院系的学生很多被送到广东实习。有些同学被送到富士康，有些被送到金立。

我也去了广东，不过我并不在学校安排的实习生队伍名单里。我是去深圳投靠我表哥的。

我和表哥的关系一直都很好，从斗草的发小时代一直延续到现在。

在父母离婚后，我的生活重心开始倾向母亲家族那一边，我和表哥亲密无间的关系达到了一个新纪元。

在我还念高中时，表哥便随着农村打工的浪潮去了深圳。

每年在嘎婆家过年，表哥总会给我讲起他在深圳打工的故事，我听得很入迷。

表哥说在深圳可以看海。

我从来没有见过大海，在我过往的世界里只有大山。

我想象着大海的一望无际，时而波涛起伏，时而静默无声。我想象着海边会有一条长长的海岸线，其上空飘浮着白云，海面上有海鸥翱翔，海边有欢笑的人群。我想象着去海边漫步，和几个朋友在露天酒吧喝点小酒，海鸟飞得很慢，生活很惬意，我们吹着海风，听着酒吧里歌手弹着吉他唱着民谣，候鸟和伊人皆在水一方。

表哥说从深圳的红树林海滨公园可以远眺香港。

我从来没有去过香港，我对香港的印象停留在初中向党小店的古惑仔电影里，电影里香港的街道很窄，满大街都是繁体字和英文。我很想去香港看一看。

表哥说深圳最高的大楼——京基100——有一百多层，从下面抬头仰望，感觉它插入了云霄。

我问表哥说："房子那么高，那台风不会把它吹倒吗？钢筋水泥有那么牢固吗？"

表哥回我说："不会，那些建筑师都是天才。"

在表哥的故事和他手机拍的那些照片里，深圳是一座灯红酒绿、车水马龙的国际大都市，令我很向往。我特别想去深圳看一看，高中毕业时是如此，大学实习期也一样。

我听过赞美深圳的歌：1979年，那是一个春天，有一位老人在中国的南海边画了一个圈，神话般地崛起座座城，奇迹般地聚起座座金山……1992年，又是一个春天，有一位老人在中国的南海边写下诗篇，天地间荡起滚滚春潮，征途上扬起浩浩风帆。

终于，2010年时，我走进了那个老人在中国南海边画的那个圈。

那是我第一次来到深圳。

在我的固有印象里，火车站的地面应该是烟头、纸屑、塑料袋、零食袋聚集的地方。吉首和怀化的火车站都是这样。那些垃圾，环卫工人从早扫到晚，但总是扫不完。

深圳的火车站地面却很干净，所以我对深圳这个城市第一印象出奇地好。

深圳西站在南山区，那是深圳最豪华的一个区之一。很多大公司的总部都设立在这里，像腾讯、中兴等，所以这里的写字楼很高，我好像一下找到了儿时在长沙仰望高楼的感觉。

真正让我感觉深圳是一个国际化大都市的是坐公交车。

我从深圳西坐公交车去龙岗找表哥时足足花了两个多小时。

两个多小时的车程对于我来说是什么概念呢？我可以从家里徒步到大岩村工班，再从工班坐车到吉首，再从吉首转车到怀化学院，差不多就是这个用时。

对于一个来自小城市，又从来没有见过什么世面的孩子来说是难以想象的事情。

在坐车去龙岗的途中我看到一个很大的牌子，上面写着一句话：来了就是深圳人。这句话让我觉得特别暖心，这个城市并不排外。我好像找到了自己这辈子追求的那个远方。

我在深圳第一次停泊的地方是龙岗爱联，挤在我表哥那个巴掌大的出租房里。

除了表哥之外，还有他们村的两个老乡也挤在那里。

那两个人我都认识，他们都是我以前在嘎婆家寄读时玩斗草游戏的童伴。

我的到来让那个房间显得更加拥挤。晚上睡觉时，床挤不下大家就打地铺。

我对那个平民房印象最深的地方是房子的隔音效果很差，晚上我们能听到楼上夫妻吵架的声音。

有了安身之所后，我开始在网上投简历找工作。

我赶上了一个大学生毕业季，深圳很多名企，甚至还有很多外资企业在网上发布招聘信息，是个找工作的好机会。

我是一个有梦想的有志青年，深圳有我想要的大格局，我想在深圳闯一番自己的事业。

我向很多名企投出了自己精心制作的简历，包括迅雷、腾讯，还有号称世界五百强的华为公司。

但现实给我浇了一盆冷水，我在网上投出去的简历如石沉大海，整整一个星期连一个面试电话都没收到。

时间让很多的矛盾点突现，之后，越来越明显。企业招聘需要的工作经验我完全没有，但又没有实习的机会；雄心壮志和满腔热血我有，但我又那么平庸，上的大学也很普通；深圳物价那么高，但我口袋里的人民币却越来越少。

我急需找到一份工作用来在这个物价居高不下的大都市维持生计，不然，我很快便会陷入金融危机。

我扩大了简历投放的范围。只要是招聘网，我都做一份简历。

不管什么公司，只要是招计算机或是电子相关专业的岗位我都投。我希望通过批量操作的方式换取一份幸运。

但两个星期过去了，幸运女神并没有降临。

耍猴　上

一天夜里，我被一阵女人的尖叫声吵醒，声音来自我家楼下的巷子里。

出于好奇，我从床上爬了起来，从阳台的铁窗往下望去。在公寓楼下贴近荒地那边站着一男一女，他们都穿着睡衣，年纪有四十来岁。

两人保持约三米的样子，是夫妻吵架，昏暗的路灯把两人的身影拉得很长。

"这日子我不想过了，我已经厌倦了这种日子，它让我快窒息了！"女人抓起自己的蓬头，嘶声大喊，语气里充满了绝望和厌倦。

男人似乎不为所动，他笔直在原地立着，就像根电线杆一样。

"我很后悔当初选择嫁给你！我是眼瞎了！"女人开始哽咽了起来，"我明天要跟你离婚。"

女人说完便哭了起来，边哭边骂，声音时高时低，持续了大约五分钟的时间。

男人开口了，他低沉着说了些什么，我听得不是很清楚，像是在试图抚平女人激动的心情。但他每次张口都是火上浇油，最后干脆闭口了。

时间一分一秒地过去，女人终于骂累了，也哭累了。

她胡乱地抹了抹脸，用力伸直疲惫的身体，然后朝着我们公寓的方向走来。男人走在后面，走得很慢，像个幽灵一样，没有任何靠近女人的意思。

随着他们最后的一声关门声响，街道也恢复了之前的宁静，就好像什么事情也没有发生一样。

那是我第一次见到楼上的那对夫妻吵架，在我来到深圳的第三个星期。他们让我想起了我父母吵架的场景，看得我很不是滋味。似乎在这样一个大都市里生活，人们的生活压力特别大。

也是那个晚上，表哥在起床上厕所时把我的眼镜给踩断了。

那副眼镜断得很不是时候，虽然它的镜片早花了，但我身上已经没有多余的钱可供挥霍了，三个星期没有找到工作，我已经穷得叮当响了。

高度近视，裸眼看人，那种把麻将上的一筒看成带着炫光太阳的感觉非常折磨人，我必须去配眼镜。

次日晚上，我向表哥借了一千块钱，去了我家附近的宝岛眼镜店。

宝岛眼镜店里的眼镜很贵，整个店里我没有见过低于两百的镜片。我换了一套全新的眼镜花了四百多块钱。跟表哥借的一千块钱就去了一大半。

从宝岛眼镜店出来时，我看见马路边上有许多人在围观着什么东西，我以为是抓小偷，于是加紧脚步凑了上去。

原来是有人在耍猴。我闲来无事，就在旁边树下的公共凳子坐了下来。我还从没有见过别人耍猴。

耍猴人是一个老头，大约五十岁，头戴个花帽，一身黑色的休闲服装，半坐在一块木头上。他身后有好些道具，铁环、木棍、皮鞭、玩具枪、用泡沫做的篮球、生锈的菜刀，还有几块香蕉。

在老头灰突突的裤子下面我看不见他的鞋子，只看见他脚下踩着三根大拇指般粗的绳子。绳子的另一端系着三只猴子。

三只猴子都有一尺多高，脖子上都套有铁环。

我观看时老头正在卖力地表演。

他先是把一只小猴子绑在木棍上，然后拿着玩具枪朝着猴子的胸前开了一空枪。小猴子在枪响过后，立马倒地装死，躺在地面上，还来了个四脚朝天。这一动作博得观众的一片笑声。

老头见气氛上来很高兴，他拿起皮鞭在另一只猴子旁边狠狠一甩。那皮鞭在砸地时发出一声巨响。

"你当医生，去听一下它的心跳，看它是真死还是假死。"老头指着另一猴子说。

他的话说完后，另一只小猴子就屁颠屁颠地跑到装死的猴子旁边，低头去听它的心跳。

不过，它听错了部位。它把耳朵放在了装死猴子肺的位置上了。

耍猴的老头看见此情形，抬头对着众人笑道："那是肺，不是心脏，位置都没找对。"

众人看到这一幕又都笑了。

有很多小朋友在老头身后的护栏两侧来回兴奋地跑，他们笑得很开心。

有个穿花裙子的小女孩站在老头的前面，离三只猴子只有一步之遥。

耍猴的老头警告过小女孩几次，但她总是先战术性地后退几步，然后又慢慢靠近。小女孩从来没有意识到潜在的危险。

最后老头没办法，只得将脚下的绳子踩得更紧。

看着众人笑后，老头将皮鞭又往地上狠狠一甩，那砸地的声音将医生猴子吓了一跳。

医生猴子提高警惕，注视着老头，等候他发号命令。

"从另一边听，这次要找到心脏的位置。"老头下了命令。

医生猴子像听懂人话一样，又屁颠屁颠地跑到另一侧听。这次它真听对了位置。

众人看到这一幕，很多人的表情都是惊诧的，好像猴子真能听懂人话一样。

半晌后，老头大声问医生猴子说："它到底死了没有，如果死了就举手。"

结果医生猴子真的举手了。

老头再问一次，医生猴子一样是举手。

"让我来看看，如果真的死了，我就要杀了它，剥开它的肚皮。"老头说完后，也假装去听倒地猴子的心跳。

"看来是真的死了。"老头自言自语地说。

说完后，他起了身，拿起了身后的钝菜刀，准备给猴子来个开膛剖腹。

老头的钝刀从猴子的胸前到肚脐，再到胯下，上上下下划了几回合后，躺在地上的猴子突然跳了起来。

"原来你是假死啊。"老人大笑道。

众人看到畜生也会装死笑成一片。

站在最面前的小女孩子笑着大叫道："爷爷，刚才我都看见它脚动了，我早知道它是在装死。"

后来，老头让猴子还表演了猴子打篮球、猴子站军姿和向左向右转等节目。

最滑稽的节目是猴子脱老头的裤子。那老头也是豁出去了，为了表演的效果，公然在大庭广众之下露出一条红色内裤来。那是整个表演的高潮部分。

表演中有个很危险的环节是猴子夺老头的刀。这个环节应该排练过无数次，但猴子在丢回刀时，差点砸到小女孩的头。

老头的表演赢得了阵阵欢笑和掌声，围观的人越来越多，将整条街道都堵了大半边。人群把我的视线全给挡住了，我准备起身离开。

就在我起身时，突然一个人从身后拽了我一下衣服。

"在家靠父母，出门靠朋友，有钱捧个钱场，没钱捧个人场。"

我转身望去，一个两手捧着很多零碎纸币的老头，一脸期望地看着我。他是收表演费的。

我很犹豫，不知道该不该给钱。别人辛苦卖笑，不顾廉耻，连裤子都脱了，收取报酬理所当然。

但我又从骨子里很鄙视别人通过虐待动物来实现盈利的自私行为，虽然我也是促成这起肮脏买卖的无关助推者。

鉴于自身也处于落难的边缘，我直接跳下了凳子，转身离开了。

耍猴　下

终于，我的批量操作奏效了，我收到了一个面试电话，在我配好眼镜的那个星期。

我很高兴，但也有点担心。

我是一个尚未毕业的学生，社会经验不多，所以特别害怕上当受骗。从小到大，父亲一直在用他的社会阅历给我和我姐灌输各种观点。父亲经常说的一句话是：出门在外一定要多留个心眼，不要贪图小便宜，就永远不会上当受骗。

父亲的很多观点影响着我的一生，所以当我收到面试通知时，我做的第一件事是去网上查找那家公司的资料。我担心那是诈骗电话或是传销电话。

在网上确认公司靠谱后，我才去面试。

那家公司在宝安区石岩，是家创业型的小公司。公司刚成立三年不到，员工加老板总共不到二十人，规模可谓相当迷你，福利待遇也相当青涩，甚至都没有年底双薪。

这些我完全可以接受，但它的产品让我很是犹豫——女性健康医疗仪器，我光听着这产品名称就觉得尴尬。

几千年的儒家思想和传统文化熏陶了我十几年，在我脑海里根深蒂固。缺乏两性教育的成长经历更是让我下意识地回避很多两性或是性爱的话题。我跳不出那个框架。

相似的疑问是：一个大男人跑去做女性健康医疗产品是不是有点不太合适？我想起了自己在宁波进制衣加工厂的情形来。

我有过思想挣扎，不过最后仍决定抱着去看看的态度。男人的尊严算得了什么，自古多少英雄豪杰为五斗米而折腰。

那次面试过程有点曲折。

石岩离爱联比较远，跨区了，我要来回转车。

那是我人生中第一次坐地铁，结果方向坐反了。

在坐车时，我一直在问自己的问题是：地铁不是应该一直开在地底下的吗？为什么还有开在地上的？那是"地铁"二字给我传达的直面信息，也是我第一次听到它名字时的理解。

当我找到答案，从自己的思维中跳出来时，发现自己坐反了。可能跟乘车时空调雾花了我的新眼镜也有关系。

原本面试时间约在下午两点，因为来回坐地铁，我耽误了不少时间，所以全程都在玩命地奔跑。要不是出门早，我人生的第一场面试肯定会迟到。

终于，我来到了那个科技园。

科技园里所有的办公大楼都很陈旧，看起来就像违建的厂房。有些办公大楼一楼的门面甚至都租不出去，空置在那里。

看到这些，我的心当时就凉了一大截。脑海里的第一想法是要给那个看门的大爷一个潇洒的转身背影，很干脆利落、很放荡不羁的那种，但是我忍住了。

一边是不甘心到这么一个鸟不拉屎的地方屈就，一边是囊中羞涩，一职难求；一边是高傲姿态，一边是骨感现实；想任性不敢任性，想理性不敢理性，各种纠结拼成一团乱麻，堵在脑海里。

我在大门口徘徊，来回踢喝过的饮料空瓶做思想斗争。

几分钟后，我成功地说服了卑微的自己向伟大的现实妥协。我踏入了科技园的大门。

那家公司在科技园B栋中座四楼。我原本打算坐电梯的。但电梯下来时有嘎吱声响，听着不太牢靠，而且还是很陈旧的货梯，随时可能挣脱锁链亲吻大地的那种，于是我决定改爬楼梯。

但绕着楼道找了半天后才发现楼梯口被封死了，最后我又只得绕回来坐货梯。

总之，所有的事情都不在一个正常的节奏里。

终于货梯到了四楼，虽然那个数字键4在我按下去之后再没有弹起来过，但我还活着。

在电梯大门打开的那一刹那，一个瓜子脑袋从前台电脑的右边缘探出，一双带着电粒子式的美瞳直直朝我投射而来。

我不太习惯这种突如其来的目光，但那该死的货梯开门声太大，我想不引起别人注意都不行。

每个公司的前台小姐长得都还不错，那家公司也不例外。如今这个社会，公司统一一体化的配置已经达到一种毫无新意的程度，不免叫人大失所望。

在我表明来意之后，A小姐（我不知道她叫什么名字）对我笑脸相迎说："您好，简历带了吗？"

"嗯。"我从背包里取出简历递给了她。

"您是应聘什么职位？"她接过我的简历后问。

"软件工程师。"我说。

"哦，是吗？"她仍旧一脸笑容，但在说话时眼神里明显多了其他的东西。

那种眼神很怪异，我没办法形容。可能是我的定型水打得太夸张，惊艳到她了。

"是的，是你们人事陈小姐打我电话的，您可以向她确认一下。"我斩钉截铁地回她说。

她终于收回了目光，低头从抽屉里拿了一张表格和一个淡蓝色的薄鞋套递给我说："来，您先到沙发那边填写一下个人信息，填写完后，再把鞋套穿上，然后我带您到会议室做笔试题。"

她的普通话从头到尾都不标准，带有浓重的粤语口音。

我在填写个人信息时把目所能及的地方都打量了一遍。那家公司虽坐落在陈旧的办公楼里，但里面的装修却特别典雅。所有的墙面都重新粉刷过，很干净。墙上挂有很多名贵的画。办公桌间的花瓶和盆栽很显眼，地面铺着五星级酒店的地毯，让我有点小意外。

那家公司规模真的很小，这从一个小小的鞋套可以看出来。因为穿鞋套通常是为了防静电，这说明这公司小到直接将生产线、员工办公室和储物仓库等所有东西大杂烩到一起的地步。

填好了信息后，我把表格交给了 A 小姐。她把我带到了一个会议室，在递给我一瓶水和一沓面试题后便离开了。

在做笔试前，我借着喝水的空隙，把会议室扫瞄了一圈。

会议室墙上有两幅画很显眼，一幅是旭日东方的青山绿水画。雄伟宏阔，正对着我。另一幅是东汉末年医圣张仲景的黑白水墨头像画，画下配有其简介，在我背面。

我还注意到，在我右手边靠窗的角落里放有一台带着摄像头的医疗样机。

我算松了一口气，这家公司确实是做医疗设备无疑，我被一纸合同骗去非洲做苦力的概率不大。

确认公司并非黑公司后，我才把目光放到试卷上。

我的面试题目做得很糟糕，那套混账面试题目有整整八页。题目本身并不难，不过范围比较广。从基本语法到编码设计，从数据库到操作系统，还涵盖了 C 和 C++ 两门编程语言。

这些知识并没有超出我大学所学的专业范畴，相反契合度还很高，这是他们给我打电话面试的原因。但我荒废了专业知识，所以很多题目都答不出来。

我连多表查询的左右连接都不知道。我只知道"左连接""右连接"这两个概念出现在数据库中，但我检索完所有的记忆都找不到它们的解释。

在死了很多脑细胞，问了度娘很多次，花了足足两个小时后，我无奈地交了卷。我仍没能做完，很多答案还是在网上抄的。

在特定场景下，我也是个可耻的拿来主义推崇者。

笔试之后，面试我的是一个穿着格子衫的中年大叔。他看样子有四十多岁，地中海发型。不高不矮，不胖不瘦。眼睛一大一小明显不对称，眉毛很粗，右鼻孔下还长着一颗叱咤风云的黑痣，那颗黑痣让他原本不对称的五官彰显出一种造物者罕见的创造性来。

"能给我先来个自我介绍吗?" B 先生没有看我的简历，而是在看我的试卷。

"我叫龙晓勤，来自美丽的湖南湘西，今年二十一岁……"我把事先背好的台词说了一遍。

我都不知道他有没有在听我说话，他的注意力全集中在我的试卷上。

十多分钟后，他总算把我的试卷看完了。整个过程，他的表情没有任何的波动，跟死了爹娘一样。

我觉得自己没戏。我的笔试题撑死能拿三十分，用我嘎公的话来说这点可怜的分数打汤都不够喝。

"龙先生，您先回去等通知吧。"

我虽然还未入职场，但也知道这句话的委婉含义。

我不在意这个面试结果，只是心中有一阵莫名的怒火，感觉大老远被叫来，只为被别人羞辱一番。我想起了那天晚上老头耍猴的情节来。我感觉自己也是一只被戏耍的猴子。但这又能怪谁呢？

后来，我又陆陆续续接到几个面试电话，但不是笔试题做得一塌糊涂，就是别人一问三不知，所以一直找不到工作。

我陷入迷茫期。我的迷茫是才华撑不起理想，高不成低不就。

一个月后，我再次陷入了金融危机，又向表哥借了一千块钱。

表哥他们发工资那天，我发现去交房租的人并不是他，而是他们村的另一个年轻人。那时，我才知道原来房租是大家轮流交的。这意味着将来的某个月份也会轮到我。我看了那房租收据，深深地吸了一口气。

迫于金钱的压力，我进了表哥的工厂。

冲　床

我表哥所在的电子厂是做计算器的。

我从事的职位相当有派头，它可以说是从 19 世纪法国工业革命开始后，一直延续至今，号称世界最古老的工种之一——打螺丝。

打螺丝这项工艺虽然有跨时代的意义，但当我真正接触它时，我发现它没有一点技术含量。只要你是个活人，只要你有手，便能将这工种为人类延续下去。

一个计算器背面上中下三排螺丝，总共六个，我天天拧。从早上八点一直拧到晚上十点，除了休息时间外，手基本上就没有离开过螺丝刀。

一个月后，我的手臂形成了一种肌肉记忆，见什么东西都想拧上一拧。我用钥匙开门时都能开出一种拧螺丝的感觉来。

我一直期待调岗现象的发生，终于，机会来了。

有一次，我被拉长调去冲床，当时我倒吸了一口凉气。

这个工种很危险，我在上初中时就已经听说了。

在我上初二的时候，我们村有一个年轻人在厂里做冲床时手被压断了。他在离家时十指还是健全的，但回家过年时，左手少了一根手指头。后来，他那根无名指又长出来了，但长出来的是一只很畸形的短手指头。

想到那只畸形的短手指我就觉得头皮发麻，我只是到厂里实习的，并不想把自己的手指头留在那里。

表哥担心我的安全，跟拉长求了几次情，但拉长拒绝

了。厂里的人手不足，交货期很紧，主管安排的，他也没有
办法。

除非我不想干了，否则只能硬着头皮上。最后，我把自
己交给了命运。

在接触冲床之后，我终于知道了断手的风险是怎么
来的。

计算器上面有很多数字键和符号键，这些键在来料时是
一块整板，需要用到一个大型的重机器把它们冲离开。

在操作重机器时，有一个放原料的动作很危险。

如果在放料时，手没有及时收回的话，那么机器会连料
和手一起压断。

这种断手通常来说是灾难性的，重机器对神经血管的破
坏通常是不可修复的。

为了降低冲床的风险，厂里给每一个冲床员都派发了一
个小镊子，用来代替手把原料放到重机器的对应槽口里。这
一举措在一定程度上能减少冲床带来的危险，但并不能杜绝
危险的发生。

镊子的缺点很明显，没有手灵活。在原料放不到对应的
槽口时，用镊子在狭缝里来回调整很浪费时间。它在影响生
产速度的同时，也在影响员工的工资报酬。这时，很多人会
直接用手去调整原料在机械中的位置，意外就会悄然降临。

有一天晚上，主管临时安排我们全车间的人一起加班到
十一点。

那一晚，我的生物钟全被打乱了。在冲床时我眼皮子一
直在打架。要不是一直和旁边的工友聊天，我估计自己都能
直接睡着。

后来，我越来越困，工友也没再说话，我就合上眼了。

在我合眼之前的那一刻，我隐约地记得自己的左手有拿镊子往机器里送料的动作，但合眼之后就再没有了意识。

我在睡梦中没有时间概念，或许只是一时片刻，或许闭眼了很久。

"啊！"突然，一个震耳欲聋、撕心裂肺的声音在我身边响起。

我顿时清醒万分，但我的手并没有剧烈疼痛的感觉。

我睁眼时，我前面的机器并没有冲压下来。

我再转头一看，我旁边的机器已压了下来，鲜血染红了机器的槽口。

机器前的工友右手捂着满是鲜血的左手，蜷缩着身体，蹲在地上。

他脚下的地面撒满了各种数字键，还有血迹……

我虽然看不到他的表情，但我能感觉得到他那份疼痛，我以前强忍肚子剧痛也是用的他那个身体动作。

我应该早意识到他比我更犯困的，毕竟一直找话题聊天的人是他而不是我。

工友在犯困时不小心踩到机器冲压键的脚踏开关，酿成了这一悲剧。

大家一下慌了起来，有人赶忙通知主管，有人帮他包扎伤口止血，有人打电话叫救护车。

小伙子的性命没有大碍，但食指的手指头被压得稀巴烂，无法接回。一个二十多岁的小伙子成了一个四肢残缺的人，几万块钱的赔偿费在我看来没有什么太大的意义。

这件事深深地刺痛了我。

表哥经常说："现在进厂吃的苦是在上学时欠下的债。"但我考上了大学仍要进工厂受这个苦，我觉得自己上大学没有太大的意义。我辜负我母亲和我姐的期望，也辜负了自己的人生。

我痛定思痛，决定结束实习工作，提前回学校完成我未完成的专业课程。

入局者

在我回学校之前，还发生了一件事，我当时并没有在场。事情的经过是表哥讲给我听的。

有一天晚上，表哥加班加到很晚，在下班回家的路上他碰到了一伙人。

那一伙有六个人，为首的那个人脖子上有文身。

表哥在和他们擦肩而过时，不小心撞到了那个文身男。很不幸，文身男的手机掉到地上，结果碎屏了。

那几个人害怕表哥肇事后撒腿就跑，于是瞬间把我表哥团团围住，他们向我表哥索要一千元的手机赔偿费。

但是，站在我表哥的角度看，事情完全是另一个样子。

那一晚，在回家的路上，表哥在和一群人擦肩而过时，为首的文身男故意撞了他一下，还把自己的手机往地上一丢。

丢手机是信号，几人瞬间把我表哥团团围住，然后索要一千元的手机赔偿费。

那是一起精心策划的敲诈勒索事件。

表哥出社会很早，早年的吉首比深圳要乱很多，所以那些人玩的小把戏表哥早就见过。

就算被六个大汉团团围住，表哥也临危不惧，他试图还原真相，为自己力争。

文身男是一个狠角色，见我表哥一直推脱，直接从兜里掏出一把折叠式的匕首，架在我表哥的脖子上说："不给钱，今晚你哪儿也去不了。"

　　碎屏是不争的事实，当时四周光线很暗，就算有摄像头也未必能还原真相。和一群社会流氓讲道理是在对牛弹琴。以一敌六也不现实，表哥一直在思索脱身的对策。

　　有路人经过时，文身男人把匕首从表哥的脖子上挪开了。

　　就是他收刀的那个时刻，表哥以迅雷不及掩耳之势朝着他的鼻子上狠狠挥了一拳。趁所有人还没反应过来时，表哥推开文身男冲出了包围圈。

　　那几个人像疯狗一样拼命追堵表哥。

　　表哥只得逃回厂里。

　　厂门口的保安认识表哥，他帮了表哥一把。

　　保安阻止了那场追逐的闹剧，双方停下来和平谈判。

　　文身男狮子大张口要求表哥赔偿他鼻子医疗费和手机碎屏费总共一万元。表哥身上没有那么多钱，于是给我们打了电话。

　　除了我们湘西的苗人外，很少有人能听得懂我们特有的苗语。

　　我们没有带钱过去，而是带了菜刀和钢管。

　　很多人低估了湘西苗家儿女的凝聚力和团结力。他们可能不知道湘西是一个出过悍匪的地方。从这个野蛮之地走出来的人，血液里流淌的是不识文明的野蛮。

　　短短几分钟，我们凑齐了二十多个人。在我们租住的那一片小区，有很多的湘西老乡，一呼百应。我们一伙人抄着家伙朝着厂门口进发，誓要为我表哥讨回一个公道。

　　其实我也没有自己想象的那般懦弱。当知道表哥被人欺负时，我听见自己的心声在呐喊：所有的正义都应该被高调伸张，道理行不通的地方，该流的血就让它血溅四方。

那是我人生中第一次打架，结果没打成。

警察比我们先到现场，不知道谁报的警。

最后，表哥给对方赔了八百块钱。

在回学校之前，我请表哥他们几个人吃散伙饭，为了答谢他们对我的照顾。那是我从小到大第一次喝白酒。

离别在即，他们有意灌我酒。不论我说什么都要干一杯，不然就要自罚一杯。跟他们斗草还可以，斗酒我差得太远了。

二两白酒还没喝完，我已经开始吟诗了。二两白酒下肚后，一阵天旋地转，我再也没有了意识。

第一次喝醉的感觉很难受。

时间是魔术师

从深圳回学校后，我便开始恶补自己的专业课。大学四年的课程，我半年时间便学完了。

当然并不是所有课程，是有针对性的。

我想成为一名软件工程师，所以只学了软件的相关课程，像数据结构、C语言程序设计、微型计算机、SQL2005数据库、C++大学教程等。

其他像硬件相关的课程如数电和模电等，我就当从来没有见过它们，我对硬件没太大的兴趣。

我的毕业论文是开发一个便利店的进销存管理系统，这个项目的代码量虽然不算特别大，但在设计初期我很吃力。

软件开发是有一套标准流程走的。从前期阶段的市场调查、需求分析，到设计阶段的逻辑流程图、用户界面设计、编码、测试，再到后期阶段的实施和部署等一系列的流程都是可以按照CMMI①标准进行指导和评估的。

不过，我在开发时并没有严格按照这套标准流程来。

那一段时间，我一直泡在图书馆里，有长达数月之久。

攻克技术难点很费脑力，感觉死了很多脑细胞，长了很多白头发。碰到非常棘手的难题时，我从西校区跑到东校区求教相关的计算机老师，这种情况发生过很多次。最后，费了九牛二虎之力，我的项目总算如期完成了。

在答辩会上，我对老师的提问对答如流，差点没把自己感动哭。我顺利地拿到了自己的学位证和毕业证。

2011年7月，我走出了母校的大门，结束了自己长达十八年的曲折求学历程。

我的整个求学经历并没有多么惊艳世人，但却是中国偏远农村孩子求学经历的一个缩影。

后来，我成为了一名软件工程师，在深圳谋生。

我和娜娜曾很认真很理性地谈论到我们的未来，但我总以追逐自由的流浪方式在寻找远方，而她一心追求自己认为很有意义的教育事业。我们越走越远，最后成了各在一方的天涯人。

分手以后，我很少关注她。

后来有一天，我去她的空间偷偷翻她的日志。我看到她发表了一篇《时间是个魔术师》的日志，获好评无数。那一年，她嫁给了那个在她日志评论区封她为小作家的男人。

那个男人是我曾经最好的兄弟——鸭子。

我觉得这个结局还算完美，虽然我没有去参加他们的婚礼。

① CMMI（Capability Maturity Model Integration For Software）是软件能力成熟度模型集成的简写，它是由美国卡耐基梅隆大学软件工程研究所组织全世界的软件过程改进和软件开发管理方面的专家历时四年开发出来的。

活着的意义

时间被定格在 2018 年 4 月 23 日那天，奶奶走完了她庸碌平淡的一生，享年 90 岁。

那天我从深圳返回了老家，送奶奶最后一程。

自从父母离婚后，我就很少回茶坪村。大学毕业后，更是一次都没有回去过，前后加起来应该有七八年的时间了。

家乡的变化很大，从默绒镇回葫芦镇的那条石子公路变成了沥青公路。

政府的扶贫工作做得很到位，整个吕洞山区开始种起了黄金茶。公路两边的茶树整齐有序、错落有致、漫山遍野，形成一座座茶山，那场面比我小时开展的玉米秆大扫荡的场景更加壮观。

村民们的身份由农民变成了茶农。黄金茶有着"一两黄金，一两茶"的美誉，这种身份的变化带来很不错的经济效益，让村民们盖起了砖房别墅，开起了私家车，过上了衣食无忧的小康生活。

我家的变化也很大，水泥公路直达家门口。家门前的那片竹子林变成了一片由苎麻和蝎子草簇拥的茂密草地。

我家后园原本是一座山丘，我印象很深。小时候，我和我姐每次去后园晒谷子都要借助梯子。母亲还曾在搬树根时不小心从木梯上摔下来过，但我回去时，它已被父亲夷为了平地。

后园的板栗树、梨树、桃树、红枣树都被父亲锯掉了，整个视野空旷了很多，我打开后门时能直接看到整个天堂坡的茶山。

后园被夷平后，彻底荒废了，整个一片杂草丛生。

小时候，我姐曾经在后园的小路两边种满了紫云英和牵牛花，但那里已经变成了小蓬草、狗尾巴草和野艾蒿的家园。

我漫步在后园的杂草之上，再也找不到小时候家的样子。

我试图在家附近的小路、草坪、水井、水沟、蜘蛛网、蚊子、天平岩、悬崖边等熟悉事物里寻找童年的记忆，但它们表现出的差异性以及和差异性相矛盾的相似性让我觉得这个地方我好像来过，但好像又很陌生。

我以前理解的远方是一个离家千里之外的地方，那里音乐家为它谱写过赞美之歌，那里能让梦想绽放光彩，那里能实现人生的意义。

但当我多年后再回到最初的起点时，我对远方有了另一种新的理解：所谓的远方是一个模糊过去、回不到曾经的地方。

有一口棺材摆放在三叔家堂屋的正中央。棺材外用竹子扎绑得很紧。我不愿相信那个躺在棺材里面的人是我奶奶，但我在三叔家的墙上确实看到了奶奶的遗像。它就挂在采茶篓的旁边。

遗像中的奶奶穿着苗族服装，头裹着黑头巾，笑容很慈祥。只是她那满脸的皱纹把她的整个脸庞装扮成了一个能驱邪镇宅的八卦镜。

看着奶奶的遗像，我脑海里闪过一些记忆的片段，基本上都是和她的腰以及她热爱的土地有关。

奶奶的腰越老越弯，后来已经弯成了有近九十度，她的头几乎能碰到腿的膝盖部位。在捞猪草的时候，她好不容易把猪草装到背篓里，一个起身，又全都抛撒出来，弄得她满头都是。

奶奶一辈子都困在了大山里，年轻时没有走出过武陵山脉，老了更加没有。她热爱土地，热爱那片大山。

回首往事，我感觉到难过和自责。难过是因为我陪奶奶的时间太少。她活到 90 岁的高龄，我却没有回家看过她几回。我读过那么多圣贤之书，却没有尽到儿孙的孝道。自责是因为绝大多时间我只是想着自己的事情。我觉得自己很自私，在逃避很多的事情。

时间让我有一种很无力的窒息感。

送奶奶上山的前一天，家族里的亲戚都回来了，包括我大伯、堂哥、堂姐、我姐和姐夫，还有在部队服兵役的堂弟也从遵义赶回了老家。有些亲戚我根本不认识，三叔说他们是我奶奶家那一脉的远房表亲。

我们全家族的人在我家前院照了一个全家福，那里面没有母亲，也没有那个女人。

父亲的饭店倒闭后，那个女人也离开了。

我对父亲的感情史没有兴趣，不过我能猜到那个女人离开的原因。

我不敢相信，在一个偏远的乡下农村，有一个连五线谱都看不懂的农民买了一架价值两万多块钱的钢琴放在家里。但那架钢琴就放在我家大厅里，由不得我不信。

在他的妻儿、他的第二任相好以及他最亲爱的母亲都离开了他以后，那个可怜的男人把钢琴视为他余生的精神寄托和终老伴侣。他还在钢琴外贴了一个标签，上面写着一句话：音乐抚慰着痛苦的灵魂。

回家的第一个晚上我睡得很早，大湘西的四月天仍然很冷，远超过了我那件薄外套所能留存的热量。

车途劳顿，我入睡得很快。

当我再次有了意识时，我发现自己只身处在一个黑暗的房间里。

那个房间很暗，只有一盏煤油灯光随着窗户的微风闪烁。

这盏煤油灯快烧完了，光线越来越暗。

我不知道自己在里面做什么。

后来，我想起来了，那个是奶奶的卧室，我是去看奶奶的。

奶奶就躺在床上，裹着厚厚的被子。当我掀开被子时，被子里藏着的是一具骷髅，然后，我被吓醒了。

醒来后，我只能合眼，无法入睡，最后索性起床去后院点了根烟。

乡下的夜，万籁俱寂；沉寂声，好似熟悉。杜鹃在我家后山的悲鸣划破了夜空的静，揪着我的心，打了死结。

抽完烟后，我又回了房间。

当我推开自己房门时，我看见一个十岁大的小男孩躺在我的床上。他睡得很安静很安详，做着美梦，脸上露出天真无邪的笑容。

突然，父母卧室传来了一声咔嚓的开灯声，把小男孩的美梦给惊醒了。

他收起笑容，竖起耳朵聆听。

他听到了父母房间里传来的争吵声和怒骂声，还有人倒地后撞倒物体的声音。

他的神经紧绷，不知道该如何是好。

小男孩以为那个晚上，在村里那个偷听的年轻人登门道歉后，他父母的争吵会画上休止符。

然而并没有，半夜里他父母又开始争吵起来，他还听到了打斗的声音。

没过多久，他母亲哭着从卧室里跑了出来。

那个脚步声伴着哭声，经过正厅、堂屋、偏厅，径直朝着他房间方向走来。

他的房门被猛然推开。

母亲披头散发地出现在他面前，眼睛里充满了眼泪，表情充满了恐惧。

"儿子，你要救救我，只有你能救我。"

母亲的恐惧表情把小男孩吓坏了。

他赶紧把房门关上，从里面反锁。

父亲追了出来，在他房门外怒气冲冲地大叫着："儿子，快开门！我数三下！不然我直接把门踹开！"

小男孩不敢去开门，他觉得站在房门外的不是一个人而是一个恶魔，他害怕极了。

那个魔鬼每数一下便用力踹门一次。

巨大的踹门声划破夏夜的宁静，小男孩和母亲吓得在床边直打哆嗦。

房门最终还是被踹开了。

小男孩拼命地在护着身后的母亲，奈何他身小力弱，被恶魔一手甩开了。

那个恶魔把他母亲按在床上，掐着她的脖子，咆哮着："今晚我一定要和你同归于尽！一定要！"

小男孩哭得撕心裂肺，他很害怕，很无助。他想将恶魔的手从母亲的脖子上拿开，但他使出了吃奶的力气也没能挪动半分。

一个小女孩闻声也哭着从楼梯上跑了下来。

"弟，你赶紧去把三叔和奶奶叫上来，再晚可能会出人命。"小女孩哭着催促着小男孩说，"这里交给我。"

小男孩抹着眼泪离开了我的房间。

我目送着他离开，他在跨出家门槛时，哭声很大，像是很痛恨来到这世界上一样，身影显得楚楚可怜。

我缓缓关上了房门，一切又恢复了之前的宁静。

夜，万籁俱寂；沉寂声，好似熟悉。杜鹃在我家后山的悲鸣划破夜的静，揪着我的心，空气冷若冰霜。

奶奶葬礼前的那场法事做了整整一夜。我们一群儿孙披麻戴孝，跟在道士屁股后面围绕着奶奶的棺材转了整整一宿，那感觉好似遛狗。

其间乡邻们都来三叔家做陪客。

成年人在打牌，小孩子在嬉笑怒骂。

村里有很多小孩子我都不认识。不过，我看到有一个患有白内障的小女孩站在明书后面看他打骨牌。明书告诉我那是他女儿。

当村里的阿叔阿伯、阿公阿婆问我在深圳做什么工作时，我竟然一下子不知道该如何作答。

我不知道该如何解释软件开发这个职业。那些长辈有些大字不识一个，有些一辈子都没有走出过武陵山脉，有些一辈子都没有接触过计算机。那是乡下人的悲歌。

我从他们的瞳孔里看到了他们对我工作的想象：在深圳网吧里给别人修电脑，因为我最后跟他们说软件开发跟给别人修电脑差不多。尽管这两个概念差别很大。

我和村里同龄的年轻人能聊的话题也不多，除了儿时的回忆和上学的经历外，几乎没什么共同话题。

我意识到当人们所处的地域固定，交际圈固定，接触的事物固定时，他们的认知也是被固定的。时间的流逝除了加快生命进程的结束外，并不会对他们的思想有任何性质的改变。

村里的风水大师给奶奶选了一个风水宝地——我家天堂坡的茶园里。

那个山头很漂亮，从那里可以眺望远方。

四五月份正值蒲儿根开花的季节。那些金灿灿的蒲儿根花将整个山头点缀成一片金黄色的茶花园，奶奶睡在花丛中的天堂里。

送完奶奶最后一程后，我又想起高中时那个一直困扰我的问题来——活着的意义是什么？

那时我已然有了自己的答案。

其实活着是客观的，但意义却是主观的。

没有主观的意识就谈不上意义二字，所以在谈论意义之前先要从主观意识上定义意义。

只有意义被定义后，所有的时间和行为才会附有灵魂，人生也就会有意义。

如果意义被定义为能对客观世界产生直接或间接的影响，那么所有的活着都是有意义的，哪怕它们最后的结果是消亡。

所以活着的意义是什么呢？我的答案是实现自己在活着时定义的意义。

无论意义被如何定义，它都应该具有一种叫美好的属性。这样活着才会把这种美好的属性体现出来，这个方向是人类发展的方向。

从这个观点出发，教育的目的应该被规范为帮助人们更好地认知这个客观世界，进而更好地定义活着的意义和找到美好的属性。

但当我回头再看我所接受过的教育和拆解自己所学的知识架构时，我觉得自己并没有从中得到这样一种很明确的认知。

我的家庭，我的成长环境，我所接受的教育让我很平庸。

不过，正是因为我的平庸和有了这些造就平庸的先决条件，才让我有了思考伟大的对立资本。

从更深的层面来说，平庸和伟大的差别本质上是人和人的认知差。

而要想突破认知的瓶颈，最快速、最直接、最有效的方法是读书。

阅读能不断刷新认知的广度、深度和高度这三个维度所在的立体坐标，当量变达到质变的触发条件时，平庸会转化为伟大。我能清楚地看到这一点，也就能很清楚地看清自己的人生。

　　一直以来我都想为自己的家乡和家乡的教育做点什么，于是记录下了自己的故事。这是我力所能及，又觉得特别有意义的一件事情。

备　注

以下名字用的都是化名，不分先后：

龙自剑，龙明书，龙云妹，龙自云，石阮江，石志平，石安成，石志勇，向党，石新明，石桥平，石新艳，佐平，彭旮强，彭贵兵，彭Ａ，张三波，杨娜娜

致　谢

感谢石晓园（小学同学）在百忙中帮我分享和回忆关于大培的事迹。

感谢龙进林（初中同学）给我提供葫芦二中的宝贵相片。

感谢龙明文（阿仲）分享我们家龙氏一脉的家谱、村里小学校的发展史。

感谢龙明坤（三叔）给我分享爷爷的故事、村里恩怨旧事和给我提供村里学校的旧相片。

感谢龙明绪（大伯）给我分享他的精彩人生。大伯是我一生最敬重的人，也对我的人生影响很深。特别感谢他曾收留我在他家就读。

最想感谢的人是龙晓波（我姐）和施明姐（母亲）。我姐从小和我相依为命，对我百般照顾，还供我上大学。在我创作时还不厌其烦地一遍又一遍地帮我回忆陈年旧事。

最最想感谢的是我母亲，她给予我生命，一生都在为我付出。在我创作时还帮我回忆她痛苦的陈年旧事，写成草稿。

感谢所有帮助过我的那些好心人，尤其是我的恩师和资助过我读书的无名好心人，不论是对我的成长历程，还是我的创作过程。